(Öko-) Tourismus: Instrument für eine nachhaltige Entwicklung?

Tourismus und Entwicklungszusammenarbeit

(Öko-) Tourismus: Instrument für eine nachhaltige Entwicklung?

Tourismus und Entwicklungszusammenarbeit

Mit Beiträgen von

Andreas Drews, Ludwig Ellenberg, Angelika Gräber,
Wolf Michael Iwand, Max Kasparek, Yörn Kreib, Bernhard Müller,
Manfred Niekisch, Karl G. Tempel, Sebastian Moya,
Burghard Rauschelbach, Armin Vielhaber, Jürgen Wolters

herausgegeben von

Burghard Rauschelbach
Deutsche Gesellschaft für Technische Zusammenarbeit (GTZ) GmbH

Die Deutsche Bibliothek – CIP-Einheitsaufnahme

(Öko-) Tourismus: Instrument für eine nachhaltige Entwicklung?
Tourismus und Entwicklungszusammenarbeit / [Deutsche Gesellschaft für Technische Zusammenarbeit (GTZ) GmbH] / hrsg. von Burghard Rauschelbach. Mit Beitr. von Andreas Drews ... –
Heidelberg : Kasparek, 1998
ISBN 3-925064-24-9

© Deutsche Gesellschaft für Technische Zusammenarbeit (GTZ) GmbH, Eschborn
Abt. Umwelt- und Ressourcenschutz / Verbreitung angepaßter Technologien (GATE)
Sektorvorhaben „Umsetzung der Biodiversitätskonvention"

Herausgeber:	Burghard Rauschelbach
Redaktionelle Bearbeitung:	Max Kasparek, Burghard Rauschelbach
Titelfotos:	Rolf Jürgens
Frontispiz:	Andreas W. König
Fotos im Innenteil:	Max Kasparek, Andreas W. König, Manfred Niekisch, Gisa Stegmüller

MAX KASPAREK Verlag
Mönchhofstr. 16 • 69120 Heidelberg
Fax (06221) 471858 • E-mail: Kasparek@t-online.de

Printed in Germany 1998

ISBN 3-925064-24-9

Inhalt

Vorwort (W. M o r b a c h)	7
R a u s c h e l b a c h, B.: (Öko-) Tourismus – Instrument für eine nachhaltige Entwicklung?	9
M ü l l e r, B.: Was ist Ökotourismus?	13
W o l t e r s, J.: Tourismus – paßt er in das Leitbild einer nachhaltigen Entwicklung?	19
E l l e n b e r g, L.: Tourismus zwischen Ökonomie und Ökologie. Einige Thesen zur Nachhaltigkeit im Tourismus	25
M ü l l e r, B.: Naturschutz durch Tourismus? Probleme und Perspektiven des Ökotourismus in Entwicklungsländern	29
N i e k i s c h, M.: Erhaltung von Schutzgebieten durch Tourismus	47
V i e l h a b e r, A.: Reisende und Bereiste: Soziale Verantwortung beim Tourismus in Entwicklungsländern	57
K a s p a r e k, M.: Tourismusförderung in Vorhaben der deutschen Entwicklungszusammenarbeit. Beispiele aus der Projektarbeit der GTZ und anderer Durchführungsorganisationen	65
T e m p e l, K. G.: Die „Berliner Erklärung" zu „Biologische Vielfalt und nachhaltiger Tourismus" – Ziele und Perspektiven	77
D r e w s, A.: Ausgewählte Ergebnisse der Diskussion des Fachgesprächs „(Öko)Tourismus – Instrument für eine nachhaltige Entwicklung?" Zum Fachgespräch am 12. Juni 1997 in der GTZ	83
K r e i b, Y.: Ökotourismus: Lukratives Nischenprodukt oder Modell zum nachhaltigen Umbau des Tourismus? Neue Publikationen zum Thema Tourismus	89
I w a n d, W. M.: Können Touristen die Natur retten? Der Reiseveranstalter TUI diskutiert den Erhalt der Biodiversität durch InWertsetzung	95
G r ä b e r, A.: „Wieder in Sansibar!" Eindrücke einer Touristin zum „High cost – low volume tourism"	111
M o y a, S.: Ökotourismus? – Wir kennen das Wort nicht! Ökotourismus aus der Sicht eines Shuar-Indianers aus Ecuador	113

Dokumentation Umwelterklärungen

Charter for Sustainable Tourism (Lanzarote, 1995)	118
Malé Declaration on Sustainable Tourism Development (1997)	122
Berlin Declaration: Biological Diversity and Sustainable Tourism (1997)	124
Umwelterklärung der deutschen Tourismuswirtschaft (1997)	129

Die Autoren	140
Die Deutsche Gesellschaft für Technische Zusammenarbeit (GTZ) GmbH	141

Vorwort

Kein Wirtschaftszweig hat – global betrachtet – in den letzten Jahrzehnten einen solchen Aufschwung erlebt wie der Tourismus, wobei der Urlaubstourismus eine hervorragende Rolle spielt. Das Geschäft mit den schönsten Wochen des Jahres wird, nach Meinung der Marktforscher, auch in den kommenden Jahren weiter boomen. Die Wachstumsbranche Tourismus scheint weitgehend rezessions-resistent zu sein. Allerdings wird zunehmend erkannt, daß insbesondere der Massentourismus dabei ist, seine „Paradiese" zugrundezurichten. Trotz der mit dem Tourismus einhergehenden ökologischen und sozialen Probleme lehnen sich nur wenige gegen ihn auf – war doch jeder von uns in seinem Leben einmal Tourist. Die Reisenden sehen ihn als Teil ihrer persönlichen Freiheit und als Mittel zur Maximierung ihrer Erlebniswelt an, die Reisemacher erhoffen sich davon ökonomische Vorteile. Reisen bildet, Reisen formt, – aber nicht nur die Reisenden, sondern auch die Bereisten, die oft als passiv Beteiligte Veränderungen über sich und ihre Umwelt ergehen lassen müssen.

Die große Herausforderung für die Zukunft ist es daher, den Tourismus so umzugestalten, daß er sozial und ökologisch verträglicher wird, und das Potential, das er für eine nachhaltige Entwicklung birgt, nutzbar zu machen. Die „Konvention über biologische Vielfalt" bietet dazu die Plattform, auf der sich die internationale Abstimmung im Rahmen des Rio-Folgeprozesses bewegt.

Auch wenn Tourismusförderung im Rahmen der deutschen Entwicklungszusammenarbeit nur eine untergeordnete Rolle spielt, bestehen in Vorhaben der ländlichen Entwicklung, der Ausbildungsförderung sowie im Bereich Naturschutz Handlungsfelder, die es wahrzunehmen gilt. Beispielsweise wird Tourismus als Möglichkeit zur Schaffung alternativer Einkommensquellen oder als ökonomischer Anreiz bei der Einrichtung von Schutzgebieten genutzt. Das Fachgespräch „(Öko)Tourismus – Instrument für eine nachhaltige Entwicklung?", das im Juni 1997 in der *Deutschen Gesellschaft für Technische Zusammenarbeit (GTZ) GmbH* stattfand, brachte Fachleute der Entwicklungszusammenarbeit mit Fachleuten der Touristikbranche zusammen mit dem Ziel, Standpunkte auszutauschen und Möglichkeiten der Kooperation auszuloten. Die Arbeiten dieses Bandes gingen vor allem aus dem Fachgespräch hervor und sind als Beiträge zu einem Diskussionsprozeß zu verstehen, der das Themenfeld Tourismus aus entwicklungspolitischer Sicht beleuchtet und Aufgaben und Grenzen definiert.

Dr. Wolfgang Morbach
Deutsche Gesellschaft für Technische Zusammenarbeit (GTZ) GmbH
Leiter der Abteilung „Umwelt- und Ressourcenschutz, Verbreitung angepaßter Technologien"

(Öko-) Tourismus – Instrument für eine nachhaltige Entwicklung?

Anmerkungen zu einem komplexen Thema der Entwicklungszusammenarbeit

von Burghard Rauschelbach

Tourismus als „Landschaftsfresser" und Quell des schnellen Geldes; die Forderung einer zukunftsfähigen Entwicklung als ideologischer Hemmschuh; Ökotourismus als profitables Nischenprodukt und Etikettenschwindel der Reiseveranstalter; Ferntourismus als umweltschädlicher Neokolonialismus? Verallgemeinerungen, Fehleinschätzungen von Marktpotentialen, Verharmlosung von Wirkungen und Übertreibung der Wirksamkeiten: Es liegt in der Natur der vielgestaltigen Erscheinung des Tourismus und der vielschichtigen Idee von nachhaltiger Entwicklung, daß sie unterschiedlicher Wertschätzung und Interpretation ausgesetzt sind.

Zunächst sollte man sich vergegenwärtigen, daß es eine Vielfalt von Tourismusformen gibt. Ihnen gemeinsam ist – wie die Begriffe „Fremdenverkehr" oder „Reiseverkehr" treffend sagen: Reisetätigkeit mit Aufenthalt in der Fremde. Hierzu gehören so unterschiedliche Reisearten wie z.B. Geschäftsreisen, Fortbildungsseminare, Kongresse und schließlich Urlaubsreisen mit ihren unterschiedlichen Typen. Tourismus ist Wirtschaftsfaktor und Erwerbsquelle. Gleichzeitig ist er verbunden mit Ressourcennutzung, wirkt auf die Umwelt und führt zu sozialen und kulturellen Veränderungen.

Die „nachhaltige Entwicklung" wird als Entwicklung verstanden, die „die Bedürfnisse der Gegenwart befriedigt, ohne zu riskieren, daß zukünftige Generationen ihre eigenen Bedürfnisse nicht befriedigen können". Im Leitbild der nachhaltigen Entwicklung ist die wirtschaftliche und gesellschaftliche Entwicklung mit der ökologischen Nachhaltigkeit verbunden. Die deutsche Entwicklungspolitik hat sich diesem Leitbild verschrieben und verfolgt das Ziel, Partnerländer bei ihren Bemühungen zu unterstützen, die Lebensbedingungen ihrer Bevölkerung zu verbessern.

Der Tourismus spielt in der Entwicklungszusammenarbeit vor allem als Teilmaßnahme im Rahmen von umfassenden Vorhaben zur Regionalentwicklung und – in Form des Ökotourismus – bei Projekten zum Schutz und zur nachhaltigen Nutzung von natürlichen Ressourcen eine Rolle. Dabei erscheint das internationale „Übereinkommen über biologische Vielfalt" (Biodiversitätskonvention) von besonderer Bedeutung: Dieses globale Umweltabkommen verbindet den Schutz der biologischen Vielfalt – darunter wird nicht nur die Vielfalt der Arten und Gene, sondern auch die landschaftliche und ökosystemare Vielfalt verstanden – mit deren nachhaltiger Nutzung und der gerechten Aufteilung der Nutzungsgewinne. Mit der Unterzeichnung dieses Abkommens hat sich auch Deutschland verpflichtet, die Biodiversität nicht nur im eigenen Land zu erhalten, sondern auch andere Länder bei der Umsetzung der Konvention zu unterstützen.

Internationaler Tourismus

Insgesamt ist der Fremdenverkehr weltweit gesehen einer der bedeutendsten und dynamischsten Wirtschaftszweige. Etwa 12% aller Arbeitsplätze sind weltweit dem Tourismusgewerbe zuzuordnen. Die Welttourismus-Organisation (WTO) gibt als Einnahmen im Tourismus 3.600 Mrd. US-$ (1996) an. Über 10% davon (ca. 380 Mrd. US-$) kommen aus Deviseneinnahmen des internationalen, d.h. grenzüberschreitenden Tourismus. Dies sind zwar nur etwa 1,3% des weltweiten Bruttosozialprodukts, in einzelnen Ländern liegt der Anteil jedoch um ein Mehrfaches darüber und kann die überwiegende und wirtschaftlich bestimmende Einnahmequelle darstellen. Seit Jahren nimmt der Reiseverkehr allgemein mit Steigerungsraten von ca. 4% zu. Für 1997 gibt die WTO 620 Mio. Reisen im internationalen Tourismus an; das ist gegenüber 1996 wiederum eine Steigerung um 4,2%. Auch wenn diese Zahlen auf nicht immer vergleichbaren Erhebungsmethoden beruhen, geben sie einen Hinweis auf die wirtschaftliche, soziale und ökologische Bedeutung des Fremdenverkehrs.

Nachhaltiger Tourismus

Bei dem Titel „(Öko-) Tourismus – Instrument für eine nachhaltigen Entwicklung?" schwingt die Vorstellung mit, Tourismus könne vor allem als „Ökotourismus" die drei Bedingungen des Leitbildes einer nachhaltigen Entwicklung erfüllen: Er trägt dauerhaft zur wirtschaftlichen Entwicklung bei, verbessert die soziale Lage der Menschen und sorgt für eine ökologische Nachhaltigkeit. Damit stellen sich konkrete Fragen. Wie läßt sich Tourismus im Sinne einer nachhaltigen Entwicklung steuern und instrumentalisieren? Inwieweit kann Tourismus zur Umsetzung der Biodiversitätskonvention beitragen?

Der Begriff „nachhaltiger Tourismus" vereinigt die Standpunkte von Tourismus und von nachhaltiger Entwicklung: Zum einen meint er eine zukunftsfähige Form des Tourismus, bei dem die langfristige Erhaltung seiner Ressourcen als Voraussetzung für den Fortbestand bzw. die Entwicklung dieses Wirtschaftszweiges anzusehen ist. Damit wird die Interessenlage des Tourismus angesprochen. Zum anderen benennt er die Art des Tourismus, der dazu beiträgt, Ressourcen langfristig „inwertzusetzen". Dies entspricht einer Interessenlage der Ressourcenbesitzer. Für die Entwicklungszusammenarbeit wird vorausgesetzt, daß die Interessenlage des Tourismus in Deckung gebracht werden kann mit den umwelt- und entwicklungspolitischen Zielsetzungen einer nachhaltigen Entwicklung. Die Herausforderung besteht nun darin, Kooperationen herbeizuführen, um gemeinsame Interessen zu entdecken, Ressourcen gemeinsam zu erschließen und Nutzungsgewinne gerecht zu verteilen.

Tourismus als Markt

Tourismus unterliegt den Marktgesetzen. Er folgt einerseits dem Bedarf an Ortsveränderung, andererseits dem Reiseangebot. Die Kapitalkraft für das Reisepotential wie auch die Bereitstellung bestimmter Ressourcen bestimmen den Tourismusmarkt. Als Ressourcen besonders zu nennen sind gastronomische Infrastruktur mit ihrem „Humankapital", ihren Einrichtungen und Organisationsformen, architektonische und natürliche Sehenswürdigkeiten, und die Umweltgegebenheiten mit ihren natürlichen Ressourcen und Qualitäten.

Tourismus steht in Konkurrenz zu anderen, nicht-touristischen Nutzungen dieser Ressourcen und befindet sich in einem inneren Konkurrenzkampf zwischen seinen verschiedenen Tourismusarten. Dabei ist die Entwicklungs- und Umweltpolitik, die auf marktwirtschaftliche Prinzipien setzt, bestrebt, die Marktlage für nachhaltige, umweltverträgliche Nutzungen zu verbessern; insbesondere muß sie dafür sorgen, daß die sozialen und ökologischen Kosten ins Kalkül gezogen werden und verhindern, daß diese auf Gesellschaft und Staat abgewälzt werden.

Zahlreiche Entwicklungsländer sind in hohem Maße vom Auslandstourismus abhängig; für viele ist das kapitalstarke Deutschland eines der wichtigsten Herkunftsländer. Die internationalen Beziehungen zwischen Deutschland und manchen anderen Ländern werden maßgebend durch den Tourismus – insbesondere den Urlaubstourismus – bestimmt und gehen über die Arbeitsteilung auf dem Reisemarkt hinaus. Vielmehr ist die Zusammenarbeit auf dem Gebiet des Tourismus auch im Hinblick auf längerfristige und weitergehende Wirtschaftsbeziehungen, auf die interkulturelle bzw. bilaterale Wertschätzung und schließlich auf entwicklungspolitische Schwerpunktsetzungen zu sehen.

Es ist daher nur folgerichtig, dem entwicklungs- und umweltpolitischen Stellenwert des Tourismus als Gegenstand der internationalen Zusammenarbeit mehr Aufmerksamkeit zu schenken. Ohne daß man das Bild vom „Reisenden als Botschafter seines Landes" bemühen muß: Es wäre eine sehr beschränkte Sichtweise, die internationale Reise nur als Ware zu verstehen und im Reiseverkehr nur das Marktpotential zu sehen. Allerdings ist es genauso beschränkt, diese Marktgegebenheiten zu ignorieren.

Insbesondere der Ferntourismus in Entwicklungsländern kann als Umverteilungsmaschine verstanden werden; aus entwicklungspolitischer Sicht ist dabei die Frage entscheidend, wie die Verteilung der Kosten und Gewinne geschieht und gesteuert werden kann.

Wer den Tourismus als Mittel zum Zweck einer nachhaltigen Entwicklung einsetzen will, muß um Ressourcen und Marktmechanismen wissen, gemeinsame Arbeitsbereiche zu gegenseitigem Nutzen bestimmen und Regelungen finden, die eine gewisse „Marktordnung" und Planungssicherheit gewährleisten.

Wirksamkeit

Über die Auswirkungen des Reiseverkehrs liegen zahlreiche wissenschaftliche Erkenntnisse und praktische Erfahrungen vor. Die Grundsätze des nachhaltigen Tourismus und die konkreten Forderungen an die Planung eines umwelt- und sozialverträglichen Tourismus, der dem Schutz der biologischen Vielfalt dient und die Ortsansässigen an der Gestaltung und an den Nutzungsgewinnen beteiligt, sind ebenfalls hinlänglich beschrieben.

Die Ideen des „sanften Tourismus", des „umweltverträglichen" und „sozialverantwortlichen" Reisens, werden schon über zwei Jahrzehnte lang unter Tourismustheoretikern diskutiert. Von einigen bemerkenswerten Ausnahmen abgesehen gelang es nicht, entsprechende Konzepte zu verwirklichen. So zeigt auch die Analyse des Fernreisemarktes eindeutig, daß Formen des nachhaltigen Tourismus bisher nur in Nischen ohne flächendeckende Wirkung umgesetzt wurden. Selbst ein konsequentes betriebliches Umweltmanagement, das in der Regel betriebswirtschaftlich positiv zu Buche schlägt, findet eher bescheidenen Anklang.

Die Erklärung für diesen Zustand ist so grundsätzlich wie trivial. Wenn die öffentliche und politische Aufmerksamkeit in Herkunfts- und Zielländern gegenüber Fragen der ökologischen Nachhaltigkeit gering ist, ist mit einer Änderung der Situation nicht zu rechnen. Und solange sich die Nachfrage nicht nach den Qualitäten eines nachhaltigen Tourismus richtet und Aufwendungen für eine umweltgerechte und sozialverträgliche Planung und Betriebsführung vom Kunden nicht honoriert werden, werden Reiseanbieter kaum Interesse haben, in die Umwelt- und Sozialverträglichkeit ihrer Produkte zu investieren.

Für viele Entwicklungs- und Transformländer ist die Tourismuswirtschaft zum Hoffnungsträger einer wirtschaftlichen Entwicklung geworden. Diese Zielländer werden in der Regel nur bei konkreten Ausgleichsmaßnahmen oder bei Wettbewerbsvorteilen bereit sein, den Reiseverkehr aus überregionalen ökologischen Gründen insgesamt zu verringern. Bezeichnenderweise klammerten die um größtmöglichen Konsens bemühten Tourismuserklärungen (z.B. 1997 von Malé und von Berlin) den sensiblen Bereich von Beschränkungen des internationalen Tourismus aus. Immerhin setzten sie aber einen politischen Meinungsbildungsprozeß in Gang, der nun zu konkreten, flächendeckend abgestimmten Maßnahmen führen muß. Dieses „globale Handeln" muß sich an allgemein akzeptierten Merkmalen oder konkreten Indikatoren öffentlich messen lassen. Solange das nicht geschieht, kann es angesichts weltweiter Bedrohung der biologischen Vielfalt und zunehmender Umweltbelastung noch nicht einmal als wohlmeinend angesehen werden. Für die Handlungsebene der Entwicklungszusammenarbeit vor Ort gilt es, ohne scheinharmonische Annäherungen Kooperationsfelder für Tourismuswirtschaft, Umweltplanung und Ressourcenmanagement abzustecken, Synergien herauszuarbeiten, Projektrisiken zu vermindern und die personellen und institutionellen Voraussetzungen für einen „nachhaltigen Tourismus" zu schaffen.

Burghard Rauschelbach
Deutsche Gesellschaft für Technische Zusammenarbeit (GTZ) GmbH
Abteilung Umwelt- und Ressourcenschutz, Verbreitung angepaßter Technologien
Dag-Hammarskjöld-Weg 1–5, Postfach 5180
65726 Eschborn

Was ist Ökotourismus?

von Bernhard Müller

Im Zusammenhang mit der Suche nach Substituten, die Marktmechanismen im Naturschutz in Entwicklungsländern besser zur Geltung bringen könnten, hat nach Jahren einer eher distanzierten Haltung gegenüber Fragen des Fremdenverkehrs in Entwicklungsländern (vgl. auch BMZ 1993) eine intensive Diskussion über spezifische Formen des Tourismus und ihre Potentiale für den Naturschutz sowie für die Gemeinde- und Regionalentwicklung eingesetzt. Dabei geht es in erster Linie um naturbezogene Tourismusformen und insbesondere um Ökotourismus als Spektrum ökologisch und sozial verträglicher Formen des Naturtourismus.

Gleichwohl ist es angesichts der Verwendung der Silbe „Öko-" im Zusammenhang mit Tourismus angebracht, genauer hinzuschauen. Denn „es gehört zum guten Ton, sich umweltverträglich zu geben. Kein Unternehmen in der [Tourismus-] Branche kann es sich heutzutage noch leisten, auf das Umweltthema zu verzichten ... Öko liegt im Trend" (Burghoff 1994). Ist Ökotourismus also möglicherweise nur ein Marketingschlager, ein Label, unter dem altbekannte Tourismusformen werbewirksam verkauft werden? Vieles spricht für diese Vermutung, denn tatsächlich ist festzustellen, daß es weltweit inzwischen eine „babylonische" Begriffsvielfalt im „ökologisch orientierten" Tourismussegment gibt (vgl. Tab. 1).

Wenn wir hier jedoch von Ökotourismus sprechen, so ist etwas anderes als das gemeint, was wir landläufig in Hochglanzbroschüren erfahrener Marktstrategen finden. Es geht um die Vision von einem harmonischen Miteinander von Tourismus und Naturschutz oder

---

Tab. 1: „Ecotourism" und verwandte Begriffe im Englischen
(Quelle: Arbeitsgruppe Ökotourismus 1995).

Adventure Travel • Alternative Tourism • Anthropological Tourism • Appropriate Tourism • Biotourism • Cultural Tourism • „Drifter" Tourism • Ecological Tourism • Ecotravel • Ecotripping • Ecoventures • Environmental Conservation • Environmental Education • Environmental Tourism • Ethical Travel • Ethnic Tourism • Green Tourism • Jungle Tourism • Low-Impact Tourism • Natural Areas Travel • „Nature-Oriented" Tourism • Nature Tourism • Nature Vacations • Nonconsumptive Wildlife Recreation • Primitive and Remote Travel • Resource-Based Tourism • Rural Tourism • Safari Tourism • Science Tourism • Socially Responsible Tourism • Soft Adventure Tourism • Special Interest Tourism • Sustainable Tourism • Travel With Mother Nature • Wilderness Tourism.

Tab. 2: Kriterien für das touristische Potential eines Schutzgebietes. Bei der natürlichen Ausstattung sind besonders wichtige Kriterien *kursiv-fett* gekennzeichnet; bei der Erreichbarkeit und beim Klima sind die Mindestkriterien so gekennzeichnet. Schlechte Erreichbarkeit ist kein Ausschlußkriterium, wenn eine besonders hohe natürliche Eignung besteht.
Quelle: Arbeitsgruppe Ökotourismus (1995).

1. Natürliche Ausstattung
- *hohe Artenvielfalt*
- *Vorhandensein von Großtierarten*
- Vorhandensein anderer interessanter Tierarten (vor allem Avifauna)
- *leichte Sichtbarkeit von Tieren*
- interessante Vegetationsformen
- *vielfältiges Landschaftsbild* (Berge, Gewässer, Dünen)
- Einzigartigkeit von Arten oder Landschaftselementen
- Ursprünglichkeit der Ökosysteme

2. Zusätzliche Attraktionen
- archäologische Gegenstände, Bauwerke
- indigene Kulturen
- Möglichkeit zu schwimmen (Strand, Wasserfälle etc.)
- Sportmöglichkeiten (z.B. Rafting, Tauchen)

3. Erreichbarkeit/Infrastruktur
- Nähe zu internationalem Flughafen oder Touristenzentrum
- *leichte Erreichbarkeit* (Inlandsflug oder gute Straßenverbindung)*)
- landschaftlich schöne Anfahrt
- andere interessante Schutzgebiete in der Umgebung
- *Vorhandensein hygienisch akzeptabler Unterkünfte und Gastronomie*

4. Klima
- *nicht zu hohe Temperaturen, Luftfeuchtigkeit, Niederschläge*
- Vorhandensein von Trockenzeiten

5. Politische und soziale Rahmenbedingungen
- *stabile politische/soziale Verhältnisse*
- *Sicherheit vor Kriminalität*
- Akzeptanz von Touristen bei der Bevölkerung

„Naturschutz durch Naturgenuß". Im Mittelpunkt des Interesses stehen naturbezogene Reisen in attraktive naturnahe Landschaften, vielfach in Schutzgebiete. Es werden hier die Reisen betrachtet, die in einer verantwortungsbewußten und nachhaltigen Weise ausgeübt werden, so daß die Minimierung negativer Umweltauswirkungen und die Beachtung der ökologischen Tragfähigkeit der Zielgebiete höchste Priorität haben, daß negative sozio-kulturelle Veränderungen in den Zielgebieten weitgehend vermieden werden, und daß die Erträge des Tourismus so weit wie möglich zur Finanzierung der Naturschutzarbeit und zur Einkommensverbesserung der örtlichen Bevölkerung beitragen. Ökotourismus ist dann mehr als Ziel denn als bereits existierende Wirklichkeit aufzufassen.

Naturtourismus und seine Wirkungen

Insbesondere ist Ökotourisus vom Naturtourismus zu unterscheiden, bei dem es zunächst einmal lediglich um naturbezogene touristische Aktivitäten in attraktiven naturnahen Landschaften – bevorzugt in Schutzgebieten – geht. Naturtourismus ist ein altes Phänomen – ja die Ursprünge des Tourismus insgesamt reichen in dieses spezifische Marktsegment zurück. Gleichwohl haben wir erkennen müssen, daß Naturtourismus nur allzu häufig mit erheblichen Eingriffen in die Natur verbunden ist und daher *per se* nicht als Ökotourismus angesehen werden kann. Naturtourismus kann somit lediglich ein Suchfeld bieten, in dem Formen von Ökotourismus zu finden sind. Dabei spielen das naturtouristische Potential, die touristische Nachfrage, deren Umweltauswirkungen, die damit verbundenen sozio-kulturellen Effekte, die Einnahmen für den Naturschutz und die Schutzgebiete sowie die Einnahmen für die lokale Bevölkerung und die Steuerungsstrukturen eine Rolle:

Das naturtouristische Potential eines Landes ist von den jeweiligen naturräumlichen Gegebenheiten abhängig. Tropischer Regenwald, Savannengebiete, Steppen und Wüsten, Meeresküsten, Sumpfgebiete, Flußlandschaften und Bergregionen sind nur Beispiele für Gebiete, die von Naturtouristen – vom wissenschaftlich orientierten Reisenden und dem „klassischen" Naturtouristen bis hin zum Sporttaucher, Jäger oder Abenteuerurlauber – aufgesucht werden. Bei diesen Gebieten handelt es sich in der Regel um „außergewöhnliche" Landschaften, die nicht selten einem Schutzstatus unterworfen sind. Dabei ist zu beachten, daß das Potential eines Gebietes, als touristisches Reiseziel erfolgreich vermarktet zu werden, nicht nur von seiner natürlichen Ausstattung bestimmt wird, sondern von einer Reihe weiterer Faktoren – wie zum Beispiel zusätzlichen Attraktionen, der Erreichbarkeit und der vorhandenen Infrastruktur, dem Klima sowie von politischen und sozialen Rahmenbedingungen – abhängt (vgl. Tab. 2). Diese Faktoren sind nicht zuletzt für die räumliche Ausdifferenzierung des Naturtourismus in seinen heterogenen Ausprägungsformen verantwortlich.

Die Touristenzahlen, die dem Naturtourismus zuzurechnen sind, steigen gegenwärtig stark an. Wenngleich weltweite Statistiken über die Entwicklung des Naturtourismus nicht vorliegen, so besteht doch weitgehend Einig-

Tab. 3: Bewertungskriterien für Ökotourismus-Maßnahmen: Checkliste.
Quelle: Arbeitsgruppe Ökotourismus (1995).

Merkmale des Zielgebietes	Merkmale des Tourismus und der geplanten touristischen Maßnahmen
• Schutzstatus • Touristische Eignung • Ökologische Empfindlichkeit gegenüber touristischer Nutzung • Nutzungskonflikte mit Zielen des Naturschutzes • Entwicklungsoptionen • Bevölkerung • Sozio-ökonomische und institutionelle Rahmenbedingungen	• Bisheriger Stand der touristischen Entwicklung • Art und Umfang der geplanten touristischen Aktivitäten • Umweltauswirkungen und Gegenmaßnahmen • Zu erwartende sozio-ökonomische Effekte • Träger von Ökotourismus-Maßnahmen

keit darüber, daß die entsprechenden Tourismusformen in der jüngeren Vergangenheit prozentual stark gewachsen sind und auch zukünftig Wachstumspotentiale von jährlich bis zu 20 Prozent haben werden (vgl. u.a. Ceballos-Lascurain 1991, WTO 1990, Ziffer 1989). Ein Großteil dieses Wachstums entfällt auf naturnahe Landschaften und Schutzgebiete.

Vom Naturtourismus zum Ökotourismus?

Die Frage lautet daher: Wie und unter welchen Bedingungen kann Naturtourismus in einer ökologisch und soziokulturell verträglichen Form attraktive Einkommensquellen für Naturschutz und die lokale Bevölkerung in oder am Rande von Schutzgebieten erschließen? Oder: Wie, unter welchen Bedingungen und mit welchen Mitteln kann Naturtourismus zu Ökotourismus werden? Trotz aller genannten Probleme bietet der Naturtourismus nämlich erhebliche Potentiale und gute Ausgangsbedingungen dafür, Naturschutzmaßnahmen in Entwicklungsländern attraktiver zu machen. Es ist dabei allerdings zu beachten, daß die typischen Problembereiche politisch-administrativer Systeme in Entwicklungsländern der Sicherung der Potentiale des Ökotourismus Grenzen auferlegen. Hierzu gehören Engpässe in Bezug auf personelle Faktoren (u.a. schlechte Bezahlung, mangelndes Know-how, geringe Motivation), technische Ausrüstungsstandards von Parkverwaltungen, die Interessenvielfalt der Akteure, die Einfluß auf die Entwicklung von Schutzgebieten haben, sowie die häufig begrenzten gesellschaftlichen Partizipationsmöglichkeiten an Entscheidungsprozessen, vor allem auf der lokalen Ebene.

Darüberhinaus ist zu berücksichtigen, daß nicht bei allen naturtouristischen Zielgebieten gleichzeitig von einer Eignung für den Ökotourismus im engeren Sinne ausgegangen werden kann. Vor

Die Begriffe Naturtourismus und Ökotourismus sind nicht identisch: Von „Ökotourismus" spricht man nur, wenn es sich um einen ökologisch und sozial verträglichen Naturtourismus handelt (Aufn.: Manfred Niekisch).

dem Hintergrund der theoretischen Überlegungen sind vielmehr spezifische Faktoren zu beachten, die sowohl mit Merkmalen von Zielgebieten wie auch von Merkmalen des Tourismus bzw. geplanter touristischer Maßnahmen abhängen (vgl. Tab. 3). Nur wenn es gelingt, die genannten allgemeinen und spezifischen Hindernisse zu überwinden und die Chancen fallspezifisch zu nutzen, wird es möglich sein, Ökotoutrismus zu realisieren.

Literatur

ARBEITSGRUPPE ÖKOTOURISMUS (1995): Ökotourismus als Instrument des Naturschutzes? Möglichkeiten zur Erhöhung der Attraktivität von Naturschutzvorhaben. Köln. (Forschungsberichte des BMZ. Band 116).

BMZ (Hrsg.) (1995): Tourismus in Entwicklungsländer. Erarbeitet von Aderhold, P. / von Laßberg, D. / Stäbler, M. / Vielhaber, A. / Bundesministerium für wirtschaftliche Zusammenarbeit und Entwicklung, Materialien Nr. 88. Bonn.

BURGHOFF, C. (1993): Wird der Tourismus wirklich grün? – Die Tageszeitung (taz) vom 2.4.93 zit. In: HIN & WEG – taz Reisejournal 1/94.

CEBALLOS-LASCURAIN, H. (1991): Tourism, Ecotourism, and Protected Areas. In: Kusler, J. (1991), Ecotourism and Resource Conservation. o.O.

WTO (1990): Compendium of Tourism Statistics 1985–1989. Eleventh Edition, Madrid.

ZIFFER, K. (1989): Ecotourism – The Uneasy Alliance. First in *Conservation International*'s Series of Working Papers on Ecotourism. o.O.

Prof. Dr. Bernhard Müller
TU Dresden (Lehrstuhl für Raumordnung) und Institut für ökologische Raumentwicklung e.V.
Weberplatz 1
01217 Dresden

Tourismus – paßt er in das Leitbild einer nachhaltigen Entwicklung?

von Jürgen Wolters

Den Tourismus gibt es nicht und folglich muß auch eine Nachhaltigkeitsdebatte über Tourismus sehr differenziert geführt werden. So versteht es sich von selbst, daß bei einer Analyse von inländischem Tourismus Faktoren anders zu bewerten sind als beim Fernreisen, auf dessen Hinterfragung ich mich hier beschränken möchte.

Interessanterweise spiegelt die Diskussion gerade dieses Weltwirtschaftszweiges in besonderer Weise die Paradigmenverschränkung, die sich zur Zeit im Nach-Rio-Prozeß in Form der Vermengung einer Nachhaltigkeits- und Globalisierungsdebatte vollzieht. Verbale Zielvorgaben zu Nachhaltigkeit wie zu Globalisierung verweisen gerne auf ein Kernanliegen von UNCED, nämlich auf die Förderung der Chancengleichheit und des Ausgleichs zwischen entwickelten und benachteiligten Staaten bzw. Gesellschaften. Dies ist gewissermaßen ein politisch-moralischer Imperativ beider Begriffe. Dem steht allerdings die subjektiv gefärbte Instrumentalisierung solch hehrer Zielvorstellung im politischen Alltag gegenüber, die dem moralischen Anspruch von UNCED eher im Ausnahmefall genügt; und die nüchterne Bilanz fünf Jahre nach Rio geradezu charakterisiert.

Der Tourismus – erst im Nach-Rio-Prozeß und nicht zuletzt durch deutsche Initiative ein eigenes internationales Thema – ist eines der plakativsten Beispiele für die Widersprüchlichkeit der einschlägigen Debatten: Er ist jener Wirtschaftszweig, der zur Jahrtausendwende geradezu ungehemmte Globalisierungstendenzen aufweist. Und: Er ist ein besonders schillerndes Gebilde in der Nachhaltigkeitsdiskussion.

Die AGENDA 21 und die völkerrechtlich verbindlichen Abmachungen, die im Rio-Prozeß auf den Weg gebracht wurden, thematisieren Tourismus nicht explizit. In der AGENDA 21 beispielsweise taucht er an verschiedenen Stellen und in verschiedenen Zusammenhängen eher schlaglichtartig auf, angefangen von seiner gebotenen Funktionalisierung in der Awareness-Bildung für nachhaltiges Denken und Handeln bis hin zur unpräzisen Forderung nach Förderung nachhaltiger Tourismusformen.

Hieraus abzuleiten, daß etwa die AGENDA 21 für die Definition eines nachhaltigen Tourismus keine grundsätzlichen Wertmaßstäbe bereithielte, wäre unseriös. Denn für eine dringend gebotene Reform des Wirtschaftszweiges Tourismus sind alle Essentials in den Vereinbarungen von Rio enthalten: Ökologische Verträglichkeit, Ressourcenschonung, soziale Gerechtigkeit, Partizipation, gerechte Nutzenaufteilung, Chancengleichheit und globale Verantwortung.

Das erleichtert freilich die Orientierung nur teilweise. Denn erstens stellt sich die Nachhaltigkeitsfrage aus dem Blickwinkel des Heimatlandes des Ferntouristen anders dar als aus der unmittelbaren Verantwortung am Ferienort. Zweitens wird touristische Nutzung in vielen Fällen als einzig tragfähige Inwertsetzung von Naturräumen angesehen und steht unter dem ganz pragmatischen Druck, sich im Spannungsfeld zwischen Ressourcenschädigung und -schutz, sowie kultureller und sozialer Verantwortung bewähren zu müssen. Und drittens ist die Tourismuswirtschaft gerade in vielen südlichen Ländern durch Fremdkapital ferngesteuert, in eine fragwürdige Welthandelsstruktur eingebettet und verfügt nur in Ausnahmefällen über angepaßte regionale Verankerung und Lenkungsinstrumente.

Ferntourismus ist grundsätzlich nicht nachhaltig

Über die Frage der Umweltverträglichkeit von Ferntourismus wird nicht erst seit Rio kritisch diskutiert. Bereits die Umweltbilanz nur einer Flugreise eines Mitteleuropäers pro Jahr ist klar negativ, wenn man gerecht aufgeteilte globale Ressourcennutzung bzw. tragfähige individuelle Umweltbelastungen zugrunde legt. Dabei geht der Trend in den Industrienationen längst zum Zweit- und Dritturlaub in ferne Länder.

Selbst wenn Flugverkehr nur über den CO_2-Ausstoß umweltrelevant würde, so verbrauchte schon der einmalige Urlaubsflug auf die kanarischen Inseln das komplette, dem einzelnen Mitteleuropäer pro Jahr zustehende Emissionsbudget. Angesichts der als sicher geltenden enormen Steigerungsraten – für das Jahr 2005 werden über 800 Millionen grenzüberschreitende Touristenankünfte prognostiziert – erscheinen deshalb die heute gern geführten Debatten um signifikante Effizienzsteigerungen neuer Triebwerkstechnologien oder die freiwilligen Initiativen der Tourismusindustrie im Sinne von Energie- und Wassereinsparung, Müllvermeidung und soziokultureller Reisevorbereitung allenfalls zweitrangig.

Der Ferntourismus ist, daran kann kein Zweifel bestehen, allein auf Grund seiner Reiseökobilanz nicht nachhaltig. Umso erstaunlicher ist, daß daraus bislang nur vereinzelt die kategorische Forderung nach massiver Regionalisierung von Urlauberströmen abgeleitet wurde. Bezogen auf zukunftsfähiges Fernreisen lautet denn die griffige Formel heute auch eher: seltener, länger, – und mit Blick auf soziale Aspekte – intensiver Fernreisen. Daran wird die resignierende, die pragmatische Einsicht deutlich, daß es kaum noch um die Frage von grundsätzlicher Nachhaltigkeit geht, sondern vielmehr um die Entwicklung von Vorstellungen, wie Ferntourismus denn wenigstens umweltsensibler und natürlich auch sozial und ökonomisch gerechter gestaltet werden kann.

Daß dafür prinzipiell Spielräume da sind, dürfte unumstritten sein. Denn zwischen dem *fair travel*-Tourismus in die Regenwaldakademie von Salve Floresta beispielsweise und dem *last minute*-trip an den beliebigen Sonnenstrand mit *all inclusive*-Konzept liegen Welten, sozial, ökonomisch und ökologisch. Nur muß klar sein, daß ein signifikantes Maß an Umweltvorsorge, sozialer Verantwortung, aber auch nachhaltiger Bildungsrelevanz und anderen Komponenten sensiblerer Tourismusformen niemals den Massentourismus charakterisieren wird. Dies wird allein die Ressourcenverfügbarkeit an sog. alternativen Reiseprogrammen verhindern, ganz zu schweigen von Kostenfragen und der gängigen Urlaubsmoral, der Umfragen zufolge zu Hause praktiziertes Umweltbewußtsein und wohl auch sozio-kultureller Respekt aufreizend großzügig geopfert werden.

Positive Ökobilanz einzelner Tourismusformen

Gerade ein Blick aus dem Süden zwingt aber zur Evaluierung weiterer Gesichtspunkte, zum Beispiel bezüglich des Ressourcenpotentials touristischer Nutzung für nachhaltige Entwicklungs- oder Schutzziele vor Ort.

Die AGENDA 21 und das „Übereinkommen über die biologische Vielfalt" thematisieren zum Beispiel relativ klar das Ungleichgewicht in der Belastung und Leistungsfähigkeit des Nordens und Südens beim Erhalt der biologischen Vielfalt. Die Länder des Nordens sind deshalb aufgerufen, insbesondere die weniger entwickelten, aber an biologischer Vielfalt reichen Länder in dieser Aufgabe zu unterstützen.

Fünf Jahre nach Rio zeichnet sich deutlicher als je zuvor ab, wie mangelhaft es um die Bereitschaft der meisten Industrieländer bestellt ist, sich hier in die Pflicht nehmen zu lassen. Es ist zum Beispiel nicht absehbar, daß je ein signifikanter Nord-Süd-Finanztransfer etwa zur Kompensation für Nutzungsverzicht an selten gewordenen natürlichen Ressourcen zur Verfügung stehen wird. „Use it or loose it" heißt deshalb seit geraumer Zeit die bestimmende Lösungsformel; der Erhalt von Ökosystemen und ihren Ressourcen muß sich rechnen. Tourismus in verschiedensten Facetten, vom Jagd- und Safari- bis zum eher traditionellen Tourismus ist dabei eine feste Rechengröße geworden. Und allein in diesem Zusammenhang stellt sich die Frage nach dem möglichen Beitrag touristischer Nutzung für bestimmte Nachhaltigkeitsziele aus einem anderen Blickwinkel.

Es ließen sich zahlreiche Beispiele anführen, die belegen, daß die touristische Erschließung von Naturreservaten der beste – häufig sogar einzige – Garant für deren Fortbestand und damit für den Schutz selten gewordener Natur war. Beispiele reichen vom Savannennaturschutz in Afrika bis zur Artenschutzfunktion des whale-watching. Tourismus – vorzugsweise Ökotourismus – ist längst zum unverzichtbaren Faktor im weltweiten Naturschutz geworden und leistet in diesem Zusammenhang unstreitig täglich neue Schrittmacherdienste. Übrigens wird der Tourismus in der AGENDA 21 als eine der wenigen Wirtschaftsbereiche aufgeführt, die ein günstiges Potential haben, um zu mehr Nachhaltigkeit beizutragen.

Das heißt natürlich keinesfalls, daß Ökotourismus in jedem Fall zur Bewahrung von Fauna und Flora beigetragen hat und schon gar nicht, daß Fern-Ökotourismus im Rahmen der aktuellen Debatte über Zukunftsfähigkeit nachhaltig ist. Das heißt zunächst nur, daß sich seine Ökobilanz in einer Güterabwägung deutlich positiver darstellen kann als etwa die Gesamtbilanz im Sinne der AGENDA 21.

Kultur- und Sozialbilanz negativ

Eine der längsten und intensivsten Debatten über Ferntourismus wird im Zusammenhang mit kurz- wie langfristigen Folgen für die lokale Bevölkerung der Destinationen geführt: kulturell, sozial, aber auch wirtschaftlich. Davon blieb zwangsläufig selbst der vermeintlich seriöse Ökotourismus nicht verschont, wie die kritische Diskussion über nachhaltige Nutzungskonzepte von Nationalparks eindrücklich belegt. Eine diesbezügliche Bilanz muß hier nicht im Detail reflektiert werden. Sie kann nicht überzeugen, wie selbst an der eigentlich auf ökologische Aspekte ausgerichteten *Berliner Erklärung zu biologischer Vielfalt und nachhaltigem Tourismus* deutlich wird.

Die Stichworte dieser Debatte machen die Problematik hinreichend deutlich: Kulturelle Veränderung und Überformung durch Tourismus-Monokultur, Zerstörung lokaler Wirtschaftsstrukturen, Verdrängung angepaßter traditioneller Lebens- und Wirtschaftssysteme, Überpopulationen in fragilen Ökosystemen, Privatisierung von Gemeinschaftsbesitz, Armutsförderung, Migration, soziale Polarisierung u.s.w. Dabei macht der Tourismus nicht einmal vor den sensibelsten Ökosystemen und den gefährdetsten Kulturen halt.

Indigenen Völker beispielsweise schätzen die Negativauswirkungen des Tourismus vielfach nicht geringer ein als die von anderen Exploitationsformen. Sie verweisen auf die Gefährdung ihrer überlebenswichtigen Ressourcen durch unmittelbaren und mittelbaren Einfluß infrastruktureller touristischer Entwicklung bis hin zur bedrohlichen Beeinflussung traditioneller sozialer und kultureller Werte indigener Völker. Das Gefahrenpotential ist gewaltig und Indigene weisen zurecht darauf hin, daß sie in keiner Weise auf eine selbstbestimmte Auseinandersetzung mit der neuen Exploitationsform vorbereitet sind. Und machen wir uns nichts vor: Allein die Bezahlung touristischer Leistung kann das gemeinschaftlich organisierte Wertesysteme indigener Kulturen zerstören.

Solchen Argumenten stehen natürlich andere Reflektionen gegenüber: Tourismus als Quelle wirtschaftlichen Wohlstandes. Auch in einer Reihe von Entwicklungsländern stellen die Einnahmen aus dem Tourismus längst wichtige Beiträge zum Bruttosozialprodukt dar. Und im Vergleich zu den bisherigen Hauptdestinationen des Ferntourismus wird deutlich, welche prinzipiellen Wertschöpfungsmöglichkeiten in diesen Ländern noch liegen. Was der Tourismus im Detail dem Ressourcenschutz liefert (liefern kann), tut er pauschal für viele Volkswirtschaften. So zumindest die oberflächliche Sichtweise.

Folgerungen für die Tourismuspolitik aus deutscher Sicht

Am Gesamtresumee aus dem Blickwinkel von Nachhaltigkeit ändert dies freilich nichts. Der Ferntourismus richtet in der Summenbilanz unter sozialen wie ökologischen Gesichtspunkten mehr Schaden an als er nutzt. Tourismus in einem solidarischen, kulturell und wirtschaftlich angepaßten sowie ökologisch unbedenklichen Rahmen ist eher Traumvorstellung als mögliche Realität im internationalen Massentourismus.

Tourismus ist allerdings, wie die *Berliner Erklärung* richtig feststellt, per se längst ein globales Phänomen, dem sich Politik pragmatisch stellen muß –

nur noch pragmatisch handelnd stellen kann. Dabei ist von zwei Voraussetzungen auszugehen. Erstens wird die Touristikindustrie das Problem durch Selbstverpflichtungen nicht lösen. Dem steht schon der derzeitige, massive Überkapazitäten produzierende und damit teilweise ruinöse Wettbewerb um die Touristikkunden entgegen. Fakt ist auch, daß sich Umweltdegradierung vor den ohnehin eher unkritischen Augen des Durchschnittstouristen fast solange kaschieren läßt, bis der lokale Ökokollaps ansteht. Und selbst den erkennen und reflektieren die meisten Touristen nicht, wie sich am Mittelmeerraum zeigt. Ganz zu schweigen von der ungenügenden touristischen Reflektion sozioökonomischer und kultureller Konsequenzen des Fernreisens.

Dies allein sind deutliche Fingerzeige, daß vermeintliche Selbstregulationsmechanismen in der Fern-Tourismusbranche noch weniger Aussicht auf Erfolg versprechen als in anderen Wirtschaftsbereichen. Es fehlt augenscheinlich einfach am problemkritischen Kunden. Was freilich kein Grund ist, einschlägige Ansätze der Tourismusbranche zu zerreden oder nicht zu beachten, aber allemal ein Motiv, sich darauf nicht zu verlassen. Politik muß sich deshalb lenkend einmischen.

Zweitens ist zu berücksichtigen, daß wirklich durchgreifende – sprich: rechtlich verbindliche – globale Vereinbarungen für die Entwicklung grenzüberschreitenden Tourismus zu mehr Nachhaltigkeit nur außerordentlich schwer zu erreichen sein dürften, so sinnvoll sie etwa in Form eines Tourismus-Protokolls im Übereinkommen über die biologische Vielfalt oder auch in einer eigenen Konvention im Grundsatz sein mögen. Nicht nur enorme Wirtschaftsinteressen, sondern auch formalrechtliche Aspekte werden die Etablierung wirklich wirksamer internationaler Instrumentarien über viele Jahre verzögern, möglicherweise gar ganz verhindern.

Internationale Standards für nachhaltigen Tourismus

Gleichwohl bleibt die Konkretisierung der internationalen Debatte über Nachhaltigkeitsstandards im Tourismus ein wichtiges Themenfeld vor allem im Rio-Folgeprozeß. Die Bundesregierung sollte sich weiterhin an der inhaltlichen Ausgestaltung rechtsverbindlicher Instrumentarien in Bezug auf soziale wie ökologische Nachhaltigkeit von Tourismus beteiligen. Sie sollte darüber hinaus ihren Einfluß geltend machen, um einschlägige *codes of conduct* in den Handlungs- und Förderungsgrundlagen von EU und internationalen Entwicklungsagenturen zu etablieren; gleichzeitig aber auch relevante flankierende Maßnahmen wie die Einführung der Besteuerung von Flugbenzin fördern.

Deutschland zählt zu jenen Ländern mit der größten Fernreiseaktivität und unsere Gesellschaft ist mithin ein signifikanter Teil des Problems. Die Problematisierung wie auch immer gearteter Auswirkungen grenzüberschreitender Aktivitäten ist gemäß der AGENDA 21 eine Aufgabe des Entsenderlandes. Die Bundesregierung hat in diesem Zusammenhang bislang genau so wenig geleistet, wie sie überhaupt bei der Ausformulierung einer nationalen *sustainability*-Strategie versagt hat. Unter der mangelhaften Bereitschaft der Bundesregierung, ernsthafte, ressortübergreifende und mit entsprechender Richtlinienkompetenz ausgestattete Ansätze zu einer nationalen Nachhaltigkeitsstrategie zu verfolgen, leidet fünf Jahre nach Rio nicht nur die gesellschaftspolitische Umsetzung bei uns. Sie ist auch Ursache dafür, daß internationalen deutschen Initiativen im Nach-Rio-Prozeß eine gewisse Glaubwürdigkeit versagt bleibt.

Für den Ferntouristikbereich braucht es eine klare gesellschaftliche Leitformel etwa nach dem Motto „erheblich weniger, selektiver und sozial wie ökologisch spezifisch verantwortbar". Dabei sähe ich die Einführung z.B. eines einschlägigen Gütesiegels zur individuellen Orientierung gerne dem kritischen Dialog zwischen allen relevanten gesellschaftlichen Gruppen überlassen.

Unmittelbaren staatlichen Handlungsbedarf sehe ich für den Bereich der bi- und multilateralen Entwicklungszusammenarbeit, von dem wichtige Impulse für eine Reform bisheriger Tourismusansätze ausgehen können. Ich halte es für dringend geboten, daß das *Bundesministerium für wirtschaftliche Zusammenarbeit und Entwicklung* (BMZ) hier klare Handlungsgrundsätze definiert. Spezifisches Engagement sollte die Förderung sog. „*best practise*-Beispiele" erfahren. Dies kann die Unterstützung einer genossenschaftlich aufgebauten, in das regionale Wirtschafts- und Kulturgefüge eingepaßten dezentral ausgerichteten Feriensiedlung mit ökologisch verträglicher Ver- und Entsorgung sein. Dies kann ein Projekt sein zur Integration von Naturschutzzielen und dauerhafter Einkommenssicherung lokaler Bevölkerung – geplant und entwickelt in einem echten partizipativen Ansatz. Daß es dabei weniger um die Erschließung neuer touristischer Destinationen gehen sollte als vielmehr um die kritische Fortentwicklung bisheriger Nutzungsansätze, versteht sich von selbst. Beispiele guter fachlicher Praxis im Sinne von komplexer Nachhaltigkeit könnten wichtige Katalysatorfunktionen übernehmen.

Allerdings sollte sich die Entwicklungszusammenarbeit davor hüten, den derzeit zunehmend zu beobachtenden Aktionismus im Rahmen einer einseitigen Interpretation der Biodiversitätskonvention zu übernehmen, und „soviel Biodiversität wie möglich" einer Nutzung zuzuführen. Die Verfolgung von *best practise*-Ansätzen wird nämlich auch dazu führen, die Grenzen touristischer Nutzung besser zu definieren und Alternativen der Inwertsetzung kritischer zu hinterfragen.

Die GTZ verfügt bereits über einen breiten Erfahrungshintergrund im Bereich integrativer touristischer Ansätze. Diese Erfahrungen und diejenigen der einschlägig aktiven Nicht-Regierungsorganisationen gilt es systematisch auszuwerten und zu operationalisieren; aber auch zu generalisieren, um sie für die Entwicklung möglicher internationaler Instrumentarien als Orientierungsrahmen verfügbar zu machen. All dies wird das Grundproblem des Massentourismus nicht lösen, aber es kann zumindest zu einer gesellschaftlichen wie politischen Normierung von mehr Nachhaltigkeit im Tourismus beitragen.

Jürgen Wolters
Forum Umwelt und Entwicklung und ARA
Klasingstr. 17, 32602 Bielefeld

Tourismus zwischen Ökonomie und Ökologie

Einige Thesen zur Nachhaltigkeit im Tourismus

von Ludwig Ellenberg

Der Tourist kann den Genuß der Natur als einen Beitrag zu ihrem Schutz erleben. Es gibt einen schmalen Pfad zum Naturschutz durch Naturgenuß. Tourismus wird immer erfolgen, so lange Menschen Überschüsse an Mobilität, Geld, Freizeit und Lebenslust haben. Ihn zu lenken erscheint zunächst als Illusion angesichts von Egoismus (Maximierung der eigenen Lebensfülle), Umweltbelastung (durch die Reise selbst und den Konsum währenddessen), Arroganz (Reiseziel als Theaterbühne, die der Tourist sich leistet und auf der andere für ihn agieren sollen), sozialer Kontamination (Vorleben eines wenig verträglichen Lebensstils, der Begierden weckt).

In dem Buch „Tourismus. Reisen zwischen Ökonomie und Ökologie" (Ellenberg, Beier & Scholz 1997) wird diesen Fragen durch theoretische Überlegungen und praktische Beispiele nachgegangen. Zusammen mit Erfahrungen aus der einschlägigen Literatur lassen sich folgende Aussagen festhalten, die hier in schlagwortartigen Thesen formuliert werden.

Naturschutz und Tourismus

- Naturschutz ist wegen Durchdringung der Peripherien aller Länder und stark zunehmender anthropogener Beeinflussung während der letzten Jahrzehnte immer unumgänglicher geworden und heute nicht nur als Bewahrung von naturnahen Lebensräumen zu verstehen, sondern auch als sinnvolle Nutzung der Natur.

- Tourismus ist zu einer weltverändernden Kraft geworden, erfaßt immer mehr Menschen, erreicht immer exotischere Ziele und zeigt immer mehr Spielarten.

- Naturschutz hat etwas zu tun mit Ethik, Bewahren, nächster Generation, Verantwortlichkeit, Naturliebe. Tourismus wird eher assoziiert mit Egoismus, Wachstum, Selbstverwirklichung, Konsum und Genuß. Naturschutz und Tourismus scheinen deshalb zunächst unvereinbar zu sein.

- Tourismus ist jedoch in vielen seiner Varianten auf naturnahe, zumindest anthropogen nicht stark belastete Räume angewiesen und sucht Gebiete, die vom Menschen noch wenig erreicht werden und keiner intensiven industriellen oder landwirtschaftlichen Nutzung unterliegen.

- Naturschutz kann sich nicht gegen alle Raumbeansprucher stellen und damit die Landnutzungskonflikte verschärfen, sondern muß zu Kompromissen bereit sein und den Tourismus als

Verbündeten betrachten, der Geld bringt und auf naturnahe Lebensräume angewiesen ist.

- Politiker, Naturschutzadministratoren, Wissenschaftler und Reiseveranstalter sehen die notwendige Allianz zwischen Naturschutz und Tourismus zwar aus unterschiedlicher Blickrichtung, aber alle mit der zunehmenden Überzeugung, daß Tourismus und Naturschutz nicht polarisiert, sondern zusammengefügt gehören. Zusammenarbeit dieser Gruppen und gemeinsame Planungen werden häufiger.

Tourismus und nachhaltige Entwicklung

- Sustainability oder „nachhaltige Entwicklung" sind keine Größen, zu denen man sich entschließen kann oder die verordnet werden. Nachhaltigkeit wird trotz aller international geäußerten Lippenbekenntnisse nur in Teilaspekten zu erreichen sein. Der Mensch betreibt Raubbau an den natürlichen Ressourcen. Diesen Raubbau zu minimieren, also Nachhaltigkeit anzustreben, muß das generelle Ziel von Umwelteingriffen sein. Dieses wird der Ökotourismus anstreben, auch wenn er nie in die Illusion fallen soll, er könne gänzlich umweltneutral werden.

- Tourismus, der Transporte per Auto oder gar Flüge benötigt, kann grundsätzlich nicht umweltverträglich sein. Pragmatisch ist es, dennoch davon auszugehen, daß diese Transportarten weiterhin dominieren.

- Tragfähigkeitsgrenzen im Tourismus sind schwer zu bestimmen und dürfen nicht in punktförmigen Musterlösungen gipfeln. Eine Abschwächung der Umweltbelastung durch Tourismus muß zum übergeordneten Ziel werden („Ökologisierung" des Tourismus, längst diskutiert im Zusammenhang mit „sanftem Tourismus").

- Die Umweltproblematik im Tourismus ließe sich abschwächen, wenn „ferner, schneller, öfter" zu „näher, langsamer, seltener" im Reisen überleitet.

Ökotourismus

- „Ökotourismus" ist ein schlechter Begriff. Er hat sich inzwischen so eingebürgert, daß er weiterhin als Kurzbezeichnung verwendet wird für Tourismus, der auf naturnahe Räume ausgerichtet ist, Naturschutzvorhaben finanziell unterstützt und den lokal Betroffenen ökonomische Alternativen verschafft.

- Sogenannter „Ökotourismus" erfüllt in den meisten Fällen nur das erste Charakteristikum, nämlich die Ausrichtung auf naturnahe Räume. Ökotourismus wird nur selten erreicht und oft sogar als Etikettenschwindel vorgetäuscht. Ökotourismus ist mehr als Reisen ins Grüne oder ins Tief-Grüne.

- Wenn ein „Geheimtip" touristisch aufgegriffen wird, kann Ökotourismus oft nicht nur angestrebt, sondern auch verwirklicht werden. Folgen größere Gruppen und steigt deren Frequenz, zerbricht das anfänglich taugliche Konzept und muß neu entwickelt werden.

- Touristen bringen als „anspruchsvolle Naturkonsumenten" ökonomisch mehr Gewinn für Naturschutz und lokale Bevölkerungsgruppen als die „sanften stillen Touristen".

- Jagdtourismus mag elitär sein und Naturschützern nicht behagen, erfüllt jedoch die Kriterien des Ökotourismus

Tourismus, der Flugreisen benötigt, kann grundsätzlich nicht umweltverträglich sein. Pragmatisch ist es, dennoch davon auszugehen, daß diese Transportart weiterhin eine herausragende Rolle spielen wird (Aufn.: Andreas W. König).

(Ausrichtung auf naturnahe Räume, Beitrag zur ökonomischen Verbesserung für lokale Bevölkerung und Naturschutzvorhaben), wenn er umsichtig geplant und kontrolliert wird.

- Die USA sind bezüglich Planung von Ökotourismus und Entschlossenheit, diesen zu verwirklichen, weiter gekommen als die meisten anderen Länder der Erde. In internationalen Organisationen, zum Beispiel der *Ecotourism Society*, entsteht ein Export dieser Überzeugungen.

- Übertragbarkeit gelungener ökotouristischer Projekte auf neue Vorhaben ist fast unmöglich. Jedesmal müssen individuelle Planungen entstehen. Die Erfahrungen aus anderen Projekten können deren Geschwindigkeit steigern und ihre Treffgenauigkeit verbessern. Bisherige ökotouristische Projekte offerieren Hinweise, die manche Fehlentwicklung vermeiden lassen.

- Ökotourismus ist weniger eine Nische innerhalb der gegenwärtigen Touristik als der Vorläufer zukünftigen Reisens. Es ist deshalb sehr zu begrüßen, daß Regierungen, Kommunen, Naturschutzverwaltungen, NGOs, Wissenschaftler und Institutionen der Entwicklungszusammenarbeit zunehmend Tourismus und Naturschutz zu kombinieren trachten.

- Ökotourismus muß Vorreiter werden für umweltschonendes Reisen überhaupt.

Tourismus in Entwicklungsländern

- Erschwerend für die Zusammenarbeit zwischen Industrie- und Entwicklungsländern in bezug auf ökotouristische Projekte ist der dauernde Interessenkonflikt: Den Industrieländern geht es um Schutz der natürlichen Ressourcen in den Zielländern. In den Entwicklungsländern rangiert dieser Schutzgedanke jedoch hinter der Notwendigkeit, Devisen zu beschaffen, Schuldentilgung anzustreben und Touristenzahlen zu erhöhen.

- Bei den meisten Formen des Tourismus in naturnahe Räume degeneriert die Sorge um die Bereisten zum zahnlosen Papiertiger und Kongreßfüllsel. Kleine positive Auswirkungen für die lokale Bevölkerung gibt es vielerorts, doch meist sind es nur am Rande gewachsene „Feigenblätter" ohne Chancen auf Dauerhaftigkeit.

- Wo einzelne Gruppen der lokalen Bevölkerung in der Planung und Umsetzung ökotouristischer Vorhaben aktiv mitwirken, entfernen sie sich häufig von ihrer Basis und entwickeln sich zu flexiblen Vertretern von Eigeninteressen. Daß die Bereisten wirklich und kontinuierlich mitgestalten, bleibt Ausnahme.

- „Akzeptanz" in der lokalen Bevölkerung für die Veränderungen, die durch die Tourismusplanung initiiert wurden, ist das wichtigste Ziel. Es kann nur erreicht werden, wenn in Diskussionen, Planungen und Entscheidungen folgende Voraussetzungen im Stil gegeben sind: Sensibilität, Vertrauen, Geduld, Ehrlichkeit, Kompromißfähigkeit, Respekt, Zuverlässigkeit, Solidarität.

- Zögernd setzt ein Trend ein, der in den Industrieländern bald an Dynamik gewinnen wird: Stigmatisierung umweltbelastenden Verhaltens beim Reisen (Fernflüge, Kurztrips, Energieverbrauch).

- Punkthafte Lösungen für Ökotourismus sind realisierbar und wurden bereits verwirklicht. Es bleiben zwei immense Schwierigkeiten: Erstens das Fortdauern dieser punkthaften Lösungen, zweitens die Ausweitung solcher Lösungen zu länderumfassenden Konzepten.

- Sich nicht nur ein paar privilegierte Eliten, sondern alle Menschen als potentielle Touristen vorzustellen, weckt berechtigte Angst: Umweltkollaps würde die Folge sein, zumindest beim gegenwärtigen Reiseverhalten.

Ausblick

- Ein noch zögernd formulierter Wunsch an Politik, Gesellschaft und Kultur, der an Kontur und Lautstärke gewinnen wird: Der Zwang, durch Reisen dem Alltag zu entkommen, sollte schwächer werden.

Literatur

ELLENBERG, L., BEIER, B., SCHOLZ, M.: Ökotourismus: Reisen zwischen Ökonomie und Ökologie. – 1997. Heidelberg, Berlin & Oxford.

Prof. Dr. Ludwig Ellenberg
Geographisches Institut der Humboldt Universität zu Berlin
Chausseestr. 86, 10099 Berlin

Naturschutz durch Tourismus?

Probleme und Perspektiven des Ökotourismus in Entwicklungsländern

von Bernhard Müller

Einführung

Der vorliegende Beitrag beschäftigt sich mit die Kontroverse um den „grünen" Tourismus in Entwicklungsländern und seinen Folgen. Er greift die These auf, der Tourismus in naturnahe Gebiete – vielfach als „Ökotourismus" bezeichnet – könne dazu beitragen, daß sich in Entwicklungsländern die Zahl der Protagonisten für einen wirksamen Naturschutz erhöhe und dem Schutz natürlicher Lebensräume eine größere Aufmerksamkeit geschenkt würde, und zeigt unter Berücksichtigung von Fallbeispielen aus Lateinamerika und Afrika Probleme und Perspektiven des Ökotourismus auf.

Dabei wird auf Ergebnisse einer Studie zurückgegriffen, die im Auftrag des *Bundesministeriums für wirtschaftliche Zusammenarbeit und Entwicklung* (BMZ) von der – vom Autor mitbegründeten – Arbeitsgruppe Ökotourismus (1995) erstellt wurde. Im Rahmen der Arbeit wurden u.a. Fallstudien in Tansania und Ecuador (sowie flankierend in Simbabwe und Costa Rica) durchgeführt, deren Erkenntnisse in die folgenden Überlegungen Eingang gefunden haben.

In Tansania stand das *Selous Game Reserve* im Süden des Landes mit ca. 5.000 Besuchern jährlich im Mittelpunkt der Betrachtung. Flankierend wurden die stärker besuchten Nationalparks im Norden des Landes berücksichtigt. Die Gefährdung des Selous Wildreservats, eines ca. 45.000 qkm großen Gebietes, geht in erster Linie von den Wildereiaktivitäten der in seinen Randbereichen lebenden Bevölkerung sowie organisierter Wildererbanden mit internationalen Verbindungen aus. Daneben spielt der zunehmende Siedlungsdruck in den Randbereichen des Schutzgebietes eine Rolle.

In Ecuador konzentrierte sich die Untersuchung auf die von jährlich ca. 7.000 Touristen besuchte *Reserva de Producción Faunistica Cuyabeno* im Amazonastiefland im Nordosten des Landes. Das Schutzgebiet umfaßt etwa 6.000 qkm tropischen Regenwald. Erfahrungen aus einer Reihe anderer Schutzgebiete, insbesondere des Nationalparks Galápagos, wurden darüber hinaus berücksichtigt. Gefährdungen für das Schutzgebiet Cuyabeno gehen vor allem von der großflächigen Erdölförderung und der illegalen Land- und Viehwirtschaft zugewanderter Siedler aus.

Theoretische Überlegungen

Natur als „Gut ohne Marktpreis"

Natur wird häufig – insbesondere in Entwicklungsländern – wie ein öffentliches „Gut ohne Marktpreis" behandelt und ist daher kaum über direkt wirkende Marktmechanismen zu schützen. Das Versagen von Marktmechanismen erfordert staatliche Interventionen, die zum Beispiel über Verbote oder Gebote die Interessen des Naturschutzes wahren, und / oder Substitute, durch die dem Naturschutz – zumindest indirekt – ein Marktwert verliehen werden kann und die den relevanten Akteuren Anreize bieten, die Ziele des Naturschutzes wirksamer umzusetzen oder zu unterstützen.

Die erste Alternative, Naturschutz über staatliche Interventionen zu gewährleisten, ist angesichts des „Staatsversagens" in Entwicklungsländern und der vielfältigen Möglichkeiten, staatliche Gebote und Verbote aufgrund der Steuerungs- und Kontrollschwächen des Staates zu unterlaufen, nicht unproblematisch. Dies hat zu einem neuen Verständnis von Naturschutz geführt. War es früher die Forderung, Schutzgebiete in ihrer Gesamtheit einer Nutzung zu entziehen, so ist es heute die Frage nach der Verbindung von Schutz und nachhaltiger Nutzung, die nationale und internationale Naturschutzstrategien zu bestimmen beginnt. Dabei geht es u. a. darum, Naturschutz aus dem Status der „Nicht-Nutzung" zu befreien und in den Status einer (attraktiven) „Sondernutzung" zu heben.

Naturschutz in der modernen Form – so die jüngere entwicklungspolitische Argumentation – toleriert anthropogene Einflüsse, will sie aber minimieren und in manchen Kerngebieten eliminieren. Durch die differenzierte Bewirtschaftung von Randzonen (Pufferzonen) könnten Schutzgebiete gegenüber negativen anthropogenen Einflüssen abgeschirmt werden. Die Schaffung stabiler Wirtschaftsformen am Rand von Schutzgebieten könnte dazu beitragen, daß die Betroffenen aufgrund von ökonomischen Vorteilen zu Verbündeten des Naturschutzes werden. Indigenen Gruppen kommt im Bereich von Schutzgebieten als potentiellen Garanten für einen langfristig wirksamen Naturschutz eine besondere Bedeutung zu.

Naturschutz und Tourismus

Im Zusammenhang mit der Suche nach Substituten, die Marktmechanismen im Naturschutz in Entwicklungsländern besser zur Geltung bringen könnten, hat nach Jahren einer eher distanzierten Haltung gegenüber Fragen des Fremdenverkehrs in Entwicklungsländern eine intensive Diskussion über spezifische Formen des Tourismus und ihre Potentiale für den Naturschutz (sowie für die Gemeinde- und Regionalentwicklung) eingesetzt. Dabei geht es in erster Linie um naturbezogene Tourismusformen und insbesondere um Ökotourismus als Spektrum ökologisch und sozial verträglicher Formen des Naturtourismus.

Im Mittelpunkt des Interesses stehen naturbezogene Reisen in attraktive naturnahe Landschaften, vielfach in Schutzgebiete, denen gemeinsam ist, daß sie in einer verantwortungsbewußten und nachhaltigen Weise ausgeübt werden, daß dabei die Minimierung negativer Umweltauswirkungen und die Beachtung der ökologischen Tragfähigkeit der Zielgebiete höchste Priorität hat, daß negative sozio-kulturelle Veränderungen in den Zielgebieten weitgehend vermieden werden, und daß die Erträge des Tourismus so weit wie möglich zur Finanzierung der Naturschutzarbeit und zur Einkommensverbesserung der örtlichen Bevölkerung beitragen.

Die Frage, die vor diesem Hintergrund in der entwicklungspolitischen Diskussion zunehmend Aufmerksamkeit erfährt und hier zu behandeln ist, lautet somit kurzgefaßt: Wie und unter welchen Bedingungen kann Tourismus in einer ökologisch und sozio-kulturell verträglichen Form attraktive Einkommensquellen für Naturschutz und die lokale Bevölkerung in oder am Rande von Schutzgebieten erschließen? Oder: Wie, unter welchen Bedingungen und mit welchen Mitteln kann Naturtourismus zu Ökotourismus werden? (vgl. Müller 1997).

Vom Naturtourismus zum Ökotourismus?

Touristisches Potential

Das naturtouristische Potential eines Landes ist von den jeweiligen naturräumlichen Gegebenheiten abhängig. Tropischer Regenwald, Savannengebiete, Steppen und Wüsten, Meeresküsten, Sumpfgebiete, Flußlandschaften und Bergregionen sind nur Beispiele für Gebiete, die von Naturtouristen – vom wissenschaftlich orientierten Reisenden und dem „klassischen" Naturtouristen bis hin zum Sporttaucher, Jäger oder Abenteuerurlauber – aufgesucht werden. Bei diesen Gebieten handelt es sich in der Regel um „außergewöhnliche" Landschaften, die nicht selten einem Schutzstatus unterworfen sind.

Dabei ist zu beachten, daß das Potential eines Gebietes, als touristisches Reiseziel erfolgreich vermarktet zu werden, nicht nur von seiner natürlichen Ausstattung bestimmt wird, sondern von einer Reihe weiterer Faktoren – wie zum Beispiel zusätzlichen Attraktionen, der Erreichbarkeit und der vorhandenen Infrastruktur, dem Klima sowie von politischen und sozialen Rahmenbedingungen – abhängt. Diese Faktoren sind nicht zuletzt für die räumliche Ausdifferenzierung des Naturtourismus in seinen heterogenen Ausprägungsformen verantwortlich.

Darüber hinaus ist zu berücksichtigen, daß nicht bei allen naturtouristischen Zielgebieten gleichzeitig von einer Eignung für den Ökotourismus im engeren Sinn ausgegangen werden kann. Vor dem Hintergrund der theoretischen Überlegungen sind vielmehr spezifische Faktoren zu beachten, die sowohl mit Merkmalen von Zielgebieten wie auch von Merkmalen des Tourismus bzw. geplanter touristischer Maßnahmen abhängen.

Zur ersten Gruppe gehören u. a. neben der touristischen Eignung des Schutzgebietes dessen Schutzstatus (Zulässigkeit von Ökotourismus je nach Schutzgebietskategorien), die ökologische Empfindlichkeit gegenüber touristischer Nutzung, zu erwartende Nutzungskonflikte (mit Zielen des Naturschutzes), das Vorhandensein alternativer Entwicklungsoptionen, demographische Strukturmerkmale sowie sozioökonomische und institutionelle Rahmenbedingungen.

Zur zweiten Gruppe gehören u.a. der bisherige Stand der touristischen Entwicklung, die Art und der Umfang der geplanten touristischen Aktivitäten, die zu erwartenden Umweltauswirkungen und mögliche Präventivmaßnahmen, die zu erwartenden sozio-ökonomischen Effekte sowie die Frage nach dem Träger von touristischen Maßnahmen sowie dessen Naturschutzkompetenz und touristischem Know-how.

Touristische Nachfrage

Die Touristenzahlen, die dem Naturtourismus zuzurechnen sind, steigen gegenwärtig stark an. Wenngleich weltweite Statistiken über die Entwicklung des Naturtourismus nicht vorliegen, so besteht doch weitgehend Einigkeit darüber, daß die entsprechenden Tourismusformen in der jüngeren Vergangenheit prozentual stark gewachsen sind und auch zukünftig Wachstumspotentiale von jährlich bis zu 20 Prozent haben werden. Ein Großteil dieses Wachstums entfällt auf naturnahe Landschaften und Schutzgebiete.

Populäre Reiseziele in Entwicklungsländern, deren Attraktivität zu einem großen – wenn nicht sogar überwiegenden – Teil auf ein naturtouristisches Angebotsspektrum zurückzuführen ist, befinden sich in Mittelamerika, im Amazonasgebiet, in Süd- und Ostafrika sowie in Süd- und Südostasien. Die Länder Ost- und Südafrikas, Costa Rica, Ecuador, Indien, Nepal und Indonesien werden in diesem Zusammenhang in erster Linie genannt. Hinzu kommen Brasilien, Mexiko, Puerto Rico und Malaysia. Daneben entwickeln sich kleinere Länder wie Belize, Dominica und andere karibische Inseln (Tauchen!), darüber hinaus aber auch einzelne südpazifische Inselstaaten zu naturbezogenen touristischen Zielgebieten.

Der „typische" Naturtourist kann als überdurchschnittlich gebildet, umweltbewußt, erlebnisorientiert und ausgabefreudig bezeichnet werden. Seine Komfort- und Infrastrukturansprüche sind vergleichsweise niedrig, die Bereitschaft, sich auf Landestypisches (z.B. hinsichtlich der Verpflegung) einzulassen, ist überdurchschnittlich hoch. Sehr hohe Ansprüche bestehen hinsichtlich Naturnähe und Erlebnisintensität, der Informationsvermittlung während der Reise und einer schnellen Erreichbarkeit von Zielgebieten. An die Stelle der exklusiven Unterkunft und Gastronomie im „konventionellen" Tourismus tritt die Exklusivität des Erlebnisses.

Gleichwohl ist gerade im Naturtourismus eine äußerst heterogene Nachfragestruktur zu finden. Im Hinblick auf die Reisemotive von Schutzgebietsbesuchern, d.h. den Grad ihres tatsächlichen Naturinteresses, ihre Bereitschaft, sich auf vorhandene Bedingungen einzulassen, und ihr Umweltbewußtsein, bestehen große Unterschiede. LINDBERG benennt als "Extremtypen" in diesem Spektrum

- einerseits die oberflächlichen Naturtouristen („casual nature tourists") mit einem oberflächlichen Naturinteresse, durchschnittlichem Umweltbewußtsein, sehr kurzen Aufenthalten in Schutzgebieten, hohen Infrastrukturansprüchen, hohen Ansprüchen an Erlebnisqualität, aber geringeren an Naturnähe und Informationsqualität sowie einer relativ geringen Empfindlichkeit gegenüber hohen Besucherzahlen und

- andererseits die engagierten Naturtouristen („hard-core nature tourists") mit einem sehr speziellen Naturinteresse, einem hohen Umweltbewußtsein, langer Aufenthaltsdauer, sehr geringen Infrastrukturansprüchen, sehr hohen Ansprüchen an Erlebnisqualität und Naturnähe und einer großen Empfindlichkeit gegenüber hohen Besucherzahlen.

Naturnahe Landschaften sind häufig die Basis von Tourismus, und deren Erhalt ist daher eine Grundvoraussetzung für touristische Entwicklung (Aufn.: Andreas W. König).

Es ist davon auszugehen, daß es weniger der letztgenannte Typ ist, der weltweit den überwiegenden Anteil am Naturtourismus ausmacht, sondern daß die höchsten Wachstumsraten im Naturtourismus von Nachfragegruppen bestimmt werden, die in Schutzgebieten lediglich außergewöhnliche Erlebnisse häufig als zusätzliche Anziehungspunkte in einem touristischen Gesamtpaket – z.B. als Attraktion während eines Strandurlaubes oder einer Kreuzfahrt, oder als Besonderheit während einer Geschäftsreisen – suchen, ohne besonders naturinteressiert oder umweltbewußt zu sein.

Kategorisierungen sind geeignet, allgemeine Unterscheidungsmerkmale zu kennzeichnen. Gleichwohl können sie in der Regel nicht alle Ursache-Wirkungs-Beziehungen beschreiben. Dies wird – wie im folgenden noch zu zeigen sein wird – insbesondere an zwei naturtouristischen Nachfragegruppen deutlich, die beide ein sehr spezielles Naturinteresse haben und jeweils aus ihrer eigenen Perspektive für sich in Anspruch nehmen, zu den „hard-core nature tourists" zu zählen: einerseits die Naturbeobachter, in afrikanischen Ländern häufig als Phototouristen bezeichnet, die u.a. auf Expeditionen in den tropischen Regenwald oder bei Safaris in die Wildreservate Afrikas anzutreffen sind, und andererseits die Jagdtouristen, die sich in verhältnismäßig kleiner Zahl abseits der üblichen touristischen Routen – insbesondere in den Großwildgebieten afrikanischer Länder – bewegen. Die von ihnen verursachten Wirkungen, wie auch die Steuerungsmechanismen innerhalb der jeweiligen naturtouristischen Marktsegmente sind äußerst unterschiedlich.

Umweltauswirkungen

Umweltbeeinträchtigungen durch Tourismus lassen sich nie ganz vermeiden. Sie sind erstens abhängig von der Zahl der Besucher eines Gebietes und der Intensität der Nutzung. Zweitens spielt die Art der touristischen Nutzung eine Rolle. Und drittens führen die mit der touristischen Nutzung verbundenen Dienstleistungen und infrastrukturellen Einrichtungen zu Umweltbeeinträchtigungen. Dabei lassen sich punktuelle Beeinträchtigungen wie Flächenversiegelung und Vegetationszerstörung nicht vermeiden; das Ausmaß dieser Belastungen ist allerdings von planerischen und technischen Problemlösungen abhängig, wie z.B. der Auswahl geeigneter Standorte, einer geregelten Ver- und Entsorgung oder dem Einsatz regenerativer Energiequellen und emissionsarmer Motoren.

Intensität und Art der Nutzung sind vor dem Hintergrund der theoretischen Überlegungen nicht zu trennen von Wirtschaftlichkeitsgesichtspunkten. Vergleicht man den „klassischen" Naturtourismus unter diesem Gesichtspunkt mit dem Jagdtourismus, so zeigen sich am Beispiel von Tansania interessante Unterschiede:

- Erhebungen zufolge zeigen mindestens drei Viertel aller ausländischen Touristen Interesse an den Naturpotentialen des Landes. Insgesamt wurden im Haushaltsjahr 1991/92 über 270.000 ausländische Touristen in Nationalparks und den wichtigsten Wildreservaten registriert. Hinzu kamen etwa 230.000 „Residents", bei denen es sich überwiegend um in Tansania wohnende Ausländer handelte. Optimistische Schätzungen beziffern die durch Eintrittsgebühren (Park Entrance Fees) erzielten staatlichen Einnahmen im Haushaltsjahr 1991/92 auf etwa 7,3 Mio. US-$. Der Gesamtumsatz wurde dabei auf über 20 Mio. US-$ geschätzt. Legt man in einer konservativeren Schätzung lediglich die von den Parkverwaltungen erhobenen Eintrittsgebühren zu Grunde, so errechnet sich ein Betrag in Höhe von 5,7 Mio. US-$.

- Im gleichen Zeitraum wurden in den 131 ausgewiesenen Jagdgebieten des Landes mit einer Fläche von insgesamt etwa 180.000 qkm 10.141 Jagdtage an etwa 550 bis 600 ausländische Jagdtouristen verkauft. Schätzungen zufolge wurde damit im Jagdtourismus in Tansania im Jahr 1992 ein Umsatz in Höhe von knapp 14 Mio. US-$ erzielt, wobei mit Durchschnittswerten in Höhe von über 23.000 US-$ pro Jagdtourist gerechnet wird. Der Staat und die Lokalverwaltungen können daran über eine differenzierte Gebührenstruktur (Game Fees, Conservation Fees, Permit Fees, Observer Fees, Trophy Handling Fees, Concession Fees) in beachtlichem Umfang partizipieren und finanzielle Ressourcen aus dem Jagdtourismus mobilisieren. Im Jahr 1992 wurden die Einnahmen aus den Gebühren auf über 5,34 Mio. US-$ – d.h. 9.000 bis 9.500 US-$ pro Jagdtourist – geschätzt.

Gleichwohl ist zu beachten, daß konsumptive Aktivitäten (Jagen und Angeln) sowie Abenteueraktivitäten im

Hinblick auf die ökologischen Auswirkungen besonders problematisch sein können, wenn sie nicht streng reglementiert und überwacht werden. Im Jagdtourismus können zum Beispiel Gefährdungen entstehen durch unprofessionelle Jagdpraktiken, die Festlegung von überhöhten Abschußquoten, die sich primär an potentiellen Umsätzen und weniger an Zielen des Natur- bzw. Artenschutzes orientiert, sowie die Überschreitung von Quoten. Zudem widerspricht die Jagd nach möglichst großen und schönen Trophäen dem Hegegedanken.

Abenteueraktivitäten stellen aus zwei Gründen ein generelles Problem für Schutzgebiete dar: Zum einen dringen sie stärker als dies beim „klassischen" Naturtourismus der Fall ist, in abgelegene Schutzzonen vor, wo bereits wenige Personen erhebliche Schäden verursachen können. Zum anderen sind einige Abenteueraktivitäten sehr ausrüstungsintensiv (z.B. Tauchen, Rafting oder Flugsport), so daß zusätzliche Infrastruktur für ihre Ausübung (vor allem für den Transport der Ausrüstung in die Schutzgebiete) notwendig wird. Hinzu kommt, daß der zugehörige Freizeittypus häufig nur oberflächlich an Natur interessiert ist und eigentlich eher Sport vor naturnaher Kulisse betreiben möchte.

Sozio-kulturelle Effekte

Der sozio-kulturelle Einfluß des Naturtourismus ist schwer abzuschätzen. In der Literatur überwiegt eine eher pessimistische Einschätzung. Anzunehmen ist, daß Strand- und Vergnügungstourismus massivere Akkulturationsprozesse auslösen und einschneidendere Wirkungen haben als eine Reihe von Spielarten des Naturtourismus. Grundsätzlich ist aber davon auszugehen, daß sich die selben negativen Begleiterscheinungen einstellen können, die für den Tourismus in Entwicklungsländern insgesamt gelten.

Dies gilt insbesondere dann, wenn neben dem bewußt gesuchten landschaftlichen Erlebnis auch ein starkes Interesse am kulturellen Erleben besteht (Ethnotourismus). Selbst wenn man annimmt, daß Naturtouristen eine besonders hohe Sensibilität beim Kontakt mit fremden Kulturen haben und entsprechend zurückhaltend sind, so kann ihre Präsenz für zurückgezogen lebende Ethnien erhebliche negative Folgen haben. Denn gerade in den abgelegenen ländlichen Zonen, in denen sich die Naturschutzgebiete in der Regel befinden, ist die kulturelle Distanz zwischen Reisendem und Bereisten in der Regel am größten.

Gleichwohl ist zu bedenken, daß die indigenen Gruppen in den meisten Fällen bereits in die Dynamik nationalstaatlicher Vergesellschaftungsprozesse einbezogen und damit einem hohen Akkulturationsdruck ausgesetzt sind. Es ist eher die Dynamik regionaler Entwicklungsprozesse und weniger der vermeintliche Dualismus zwischen Tradition und Moderne, die den Alltag in den Dörfern bestimmt. Vor diesem Hintergrund ist der Einfluß eines „low impact – high income" Tourismus in der Regel als relativ gering einzuschätzen. Dabei ist allerdings – wie das Beispiel der *Reserva de Producción Faunística Cuyabeno* zeigt – zweierlei zu beachten. Unter den im Bereich des Schutzgebietes lebenden indigenen Gruppen kann es einerseits zu einer Steigerung der Wertschätzung eigener Traditionen und zu einer Aufwertung der eigenen

Kultur gegenüber anderen Gruppen durch den Tourismus kommen: Naturtourismus demonstriert, daß Ausländer bereit sind, große Summen Geld auszugeben, „nur" um die Natur des Regenwaldes und den naturangepaßten Lebensstil der Indianer zu erleben. Andererseits fördern die Einnahmen aus dem Tourismus Konsumgewohnheiten, wie z.B. die zunehmende Benutzung von Schnellbooten, die negative Umweltauswirkungen haben können.

Ob es bei der touristischen Erschließung zu einem Ausverkauf des kulturellen Erbes oder zu einer bewußten Rückbesinnung auf althergebrachte Werte sowie zu einer Stärkung des Selbstbewußtseins und der kulturellen Identität kommt, hängt sowohl von den Erfahrungen mit dem Tourismus als auch von der Möglichkeit ab, die Entwicklung einzuschätzen und zu steuern. Da Ethnien keine geschlossenen, homogenen Einheiten darstellen, gemeinsamer Konsens also auf der Basis von Erfahrungen und Sitten immer neu hergestellt werden muß, ist der Ausgang eines solchen Anpassungsprozesses ungewiß.

Einnahmen für den Naturschutz und die Schutzgebiete

Daß Gebühren, Konzessionen und Lizenzen aus dem Naturtourismus für staatliche Stellen ein beachtliches Einnahmepotential darstellen können, belegen die oben genannten Zahlen aus Tansania. Gleichwohl ist zu bedenken, daß diese Einnahmequellen in vielen Ländern nur bedingt genutzt werden (können). In costaricanischen Parks beispielsweise lagen die Eintrittsgebühren im Jahr 1993 nur bei umgerechnet etwa 1,50 US-$. Mit der Attraktivität und Einzigartigkeit eines Schutzgebietes steigen die Eintrittsgebühren allerdings in der Regel an: Trekking im Himalaya (*Mount Everest Nationalpark* und *Annapuma Conservation Area*) kostet wöchentlich zwischen 15 und 25 US-$. Auf den Galapagos-Inseln wurde der Eintrittspreis von 40 auf 80 US-$ verdoppelt. Die Spitzenwerte lagen – abgesehen von den Gebühreneinnahmen im Jagdtourismus – bisher bei 170 US-$ in Ruandas *Parc des Volcans* (Gorilla-Tourismus) vor dem Bürgerkrieg und bei 10.000 US-$ für die Besteigung des höchsten Berges der Welt im Mount Everest Nationalpark.

Langsam setzt sich im internationalen Schutzgebiets-Management – wie im übrigen bereits seit langem in privaten Schutzgebieten (zum Beispiel in Costa Rica) – die Auffassung durch, daß die Bereitstellung von Naturattraktionen für den Tourismus nicht mehr als unentgeltliche öffentliche Dienstleistung, sondern als ein Marktprodukt zu betrachten ist, für das ein entsprechender Preis verlangt werden kann, der sich zum einen an den tatsächlich entstehenden Kosten und zum anderen an Angebot und Nachfrage orientiert. Schutzgebiete weisen – so die Argumentation – im Gegensatz zu vielen anderen Zielen ein differenzierteres und weniger leicht austauschbares touristisches Angebot auf. Da gleichzeitig von einer wachsenden Nachfrage nach Naturtourismus auszugehen ist, könnten dafür wesentlich höhere Preise verlangt werden, ohne daß Nachfrageeinbußen zu erwarten wären.

Probleme für den Naturschutz und die Schutzgebiete bestehen jedoch nicht nur darin, daß häufig verhältnismäßig niedrige Eintrittsgebühren erhoben werden, sondern daß die jeweiligen Schutzgebietsverwaltungen in der Regel wenig vom Tourismusgeschäft profitieren. Einnahmen fließen nur bedingt in die jeweiligen Nationalparks zurück und werden auch kaum zur Quersubventionierung des Naturschutzes in anderen Regionen verwendet. Vielmehr werden sie oft dem allgemeinen Staatshaushalt zugeführt. In Tansania wurden im Haushaltsjahr zum Beispiel lediglich knapp 40% der Gebühreneinnahmen aus dem Nationalparktourismus wieder in die Nationalparkarbeit investiert.

Aufgrund ähnlicher Erfahrungen hat man im Rahmen eines deutsch-tansanischen Kooperationsprojektes im *Selous Game Reserve* einen neuen Verteilungsmechanismus mit der Wildschutzbehörde ausgehandelt und umgesetzt. Die finanziellen Nutzen aus dem Jagdtourismus haben sich dadurch für das *Selous Game Reserve* erheblich verbessert. Flossen bis 1992 die gesamten Einnahmen aus den Wildgebühren im Verhältnis von 1:3 an den zentralstaatlich verwalteten *Tanzania Wildlife Protection Fund* (TWPF) und das Finanzministerium, so haben sich mit der Einführung eines „Retention Scheme" für das *Selous Game Reserve* wesentliche Änderungen ergeben. Von den Gesamteinnahmen aus den Wildgebühren verbleiben 50 Prozent direkt im Schutzgebiet zur Finanzierung der Schutzziele. Von den verbleibenden Einnahmen fließt ein Teil an den TWPF, woraus im Sinn eines revolvierenden Fonds Wildschutzaktivitäten in allen Landesteilen – also zum Teil auch wiederum im *Selous Game Reserve* finanziert werden. An das Finanzministerium und die Distrikträte werden nur noch geringe Anteile aus den Wildgebühren abgeführt.

An dieser Stelle ist zu beachten, daß die Wildschutzbehörde über die offiziellen Gebühren hinaus finanzielle und materielle Unterstützung durch einige touristische Anbieter in Form von Spenden erhält und daß Touristen von den Veranstaltern zu Spenden für die besuchten Schutzgebiete animiert werden. Grundsätzlich ist bei Naturtouristen von einer relativ hohen Bereitschaft hierzu auszugehen. Ein Beispiel ist *Monteverde* in Costa Rica, wo eine spezielle Organisation, die „*Monteverde Conservation League*", gegründet wurde, um Spendengelder zu sammeln und für Naturschutzzwecke (z.B. Landkäufe) einzusetzen. Das Reservat konnte dadurch von ursprünglich 2.000 auf 10.000 Hektar erweitert werden.

Einnahmen für die lokale Bevölkerung

Inwieweit es bisher gelungen ist, durch Naturtourismus Einnahmen auf der lokalen Ebene zu erzielen, wird unterschiedlich beurteilt: Während in einzelnen Fällen von positiven Ansätzen berichtet wird, findet sich häufiger eine eher pessimistische Gesamteinschätzung. Auch die Ergebnisse der Fallstudien in Tansania und Ecuador führen zu dem Schluß, daß die lokalen Einkommenseffekte im allgemeinen gering sind und daß das Postulat, der Naturtourismus könne der einheimischen Bevölkerung eine Alternative zu nicht-nachhaltigen Bewirtschaftungsformen anbieten, mit Vorsicht zu betrachten ist.

Dies ist zum einen in den Angebots- und Nachfragestrukturen des Naturtourismus begründet. Der Besuch von Schutzgebieten wird im allgemeinen bei

Reiseveranstaltern im Herkunftsland oder in den Hauptstädten der bereisten Länder gebucht. Der lokale Anteil an den Einnahmen aus dem Tourismus bleibt daher in der Regel marginal. Angaben von deutschen Reiseveranstaltern zufolge fließt zwar ein Anteil von 35 bis 45 Prozent des Preises einer Reise aus dem naturtouristischen Angebotsspektrum in das jeweilige Zielland, Gebühren für den Besuch von Schutzgebieten machen jedoch nur 2–3 Prozent des Preises aus und die typischen „Vor-Ort"-Ausgaben für Unterkunft und Verpflegung betragen lediglich etwa 15 Prozent.

Die Ausgaben für Unterkunft und Verpflegung fließen jedoch nur zu einem geringen Anteil in die Zielregionen. So wird zum Beispiel die Versorgung der Camps und Lodges in den untersuchten tansanischen Fällen – sowohl beim Fototourismus als auch beim Jagdtourismus – fast ausschließlich auf direktem Weg von der Hauptstadt aus gewährleistet. Die Campbetreiber, übrigens ausschließlich Regionsfremde bzw. Ausländer, unterhalten in der Regel Lagerräume für Lebensmittel und Ersatzteile in der Hauptstadt. Die Lebensmittel werden aus hygienischen und zum Teil aus preislichen Gründen in der Hauptstadt gekauft und per LKW oder Flugzeug in das Zielgebiet transportiert. Erhebungen und Schätzungen in Ecuador zufolge werden durchschnittlich nur etwa 5% der Verpflegung für Touristen direkt bei lokalen Produzenten gekauft.

Außerdem ist zu bedenken, daß die Exklusivität des Angebots und die begrenzte ökologische Tragfähigkeit der Schutzgebiete keine großen Touristenzahlen erlauben. Entsprechend gering ist auch der Personalbedarf. Von den etwa 100 Beschäftigten in den Camps des *Selous Game Reserve* stammen zwar ca. 60% aus den Dörfern der Umgebung. Dies entspricht allerdings weniger als 1% der Bevölkerung der beiden Dörfer im unmittelbaren Einzugsbereich und einem Bruchteil davon im Verhältnis zur Zahl der Einwohner im gesamten Einzugsbereich des fototouristisch erschlossenen Teils des Schutzgebietes. Dabei ist zu beachten, daß der exklusive Kundenkreis bei Jagdreisen, aber auch bei anspruchsvollerem Fototourismus von verhältnismäßig hoch spezialisiertem Personal – mehrsprachigen Führern, Köchen, erfahrenem Jagdpersonal – betreut wird, das sich allein schon aufgrund der benötigten Fachkenntnisse nicht aus der Region rekrutiert.

Gleichwohl gibt es Ansätze einer stärkeren direkten Beteiligung der Bevölkerung: Ein Beispiel hierfür ist die Zusammenarbeit zwischen *Metropolitan*, dem größten nationalen Reiseveranstalter in Ecuador, und der Gemeinde der Cofanes-Indianer im *Cuyabeno*-Schutzgebiet. Bei diesem Arrangement mit dem Namen „Aguarico Trekking" übernimmt *Metropolitan* die Vermarktung und Logistik sowie den Transport der Schutzgebiets-Besucher, während die Cofanes für die Unterbringung und Verpflegung vor Ort sowie die Führungen im Regenwald zuständig sind. Die Gewinne des Unternehmens werden gleichmäßig unter den Partnern aufgeteilt.

Da allerdings bis auf solche Ausnahmen eine breitenwirksame direkte Kopplung von lokaler Bevölkerung und Tourismuswirtschaft fehlt bzw. nur schwer möglich ist, besteht die Notwendigkeit, nach Möglichkeiten zu suchen, mit denen die Gemeinden zumindest indirekt an den Einkünften aus dem Tourismus beteiligt werden können. Auch hierfür gibt es Ansätze in den einzelnen Ländern:

Von den Wildgebühren fließt in Tansania ein Anteil zwischen etwa 10 und 20% an die Distrikträte. Dabei ist allerdings zu beachten, daß die Mittel, die den Distrikträten zufließen, nicht selten den einzelnen Gemeinden vorenthalten werden, weshalb die Einführung neuer Umverteilungsmechanismen erforderlich erscheint.

In einer Anzahl von Fällen gibt es freiwillige Zahlungen von Reiseveranstaltern für Dorfentwicklungsmaßnahmen. Diese stellen ein Potential dar, das in der Zukunft stärker genutzt werden könnte, um die positiven Wirkungen des Tourismus für die Bevölkerung in den Randzonen von Schutzgebieten zu erhöhen. Gleichzeitig muß jedoch auch festgestellt werden, daß die privaten Anbieter in der Regel nur zögerlich Aufforderungen seitens der Verwaltungen nachkommen, Unterstützungszahlungen für die Dörfer zu leisten.

In Ecuador kommt der Landnutzung durch indigene Gemeinschaften in den Kernzonen der Schutzgebiete eine wichtige Rolle zu. Hier ist vorgesehen, die direkte Beteiligung dieser Gruppen am Tourismusgeschäft zu fördern und sie in Umverteilungssysteme einzubeziehen.

In Zimbabwe können die am *Communal Areas Management Programme for Indigenous Resources* (Campfire) beteiligten Distrikte eigenständig Jagdquoten an Safari-Anbieter verkaufen, sofern sie diese nicht für die eigene Fleischversorgung nutzen wollen, oder Flächen für die Errichtung von Lodges für den Fototourismus verpachten. Durch die Ausschüttung von Haushaltsdividenden (household dividends) an einzelne Familien kann dabei ein individueller Einkommenseffekt erzielt werden.

Solche individuellen Einkommenseffekte haben eine große Bedeutung für die Unterstützung des Naturschutzes durch die lokale Bevölkerung. Beispielsweise wird in Tansania der aus staatlichen Transferzahlungen resultierende kollektive Nutzen des Naturtourismus für die Bevölkerung etwa in Form von besserer schulischer oder medizinischer Versorgung nicht im unmittelbaren Bezug zu den Einnahmen aus dem Schutzgebietstourismus gesehen – sondern vom Staat ohnehin erwartet.

Steuerungsstrukturen

Die Frage, inwieweit Naturtourismus den eingangs genannten Anforderungen an Ökotourismus gerecht werden kann, ist nicht zuletzt von den Steuerungsstrukturen im Tourismussektor selbst abhängig. Die internationalen Erfahrungen deuten darauf hin, daß es sich bei dem Naturtourismus in Schutzgebieten von Entwicklungsländern überwiegend um eine planlose, ungelenkte Entwicklung handelt, die in ihrer Dynamik viel eher von der Tourismuswirtschaft in den Herkunftsländern der Touristen als von den Naturschutzbehörden der Zielländer bestimmt wird. Die Naturschutzbehörden sind in der Regel institutionell zu schwach, ihre Position ist gegenüber den wachstumsorientierten Tourismusinstitutionen zu instabil, ihre Mittel sind zu gering und die Erfüllung ihrer Aufgaben ist daher zu ineffizient, um den Schutz der Gebiete wirksam zu gewährleisten oder nachhaltigen Einfluß auf die Steuerung des Tourismus in den Schutzgebieten zu nehmen.

Es gibt keine weltweiten systematischen Untersuchungen über die Anzahl, Größe etc. von Reiseveranstaltern im Naturtourismus-Bereich. Festzuhalten ist jedoch, daß die Branche aus einer Vielzahl kleiner Unternehmen besteht und immer neue Firmen versuchen, sich auf dem expandierenden Naturtourismus-Markt zu etablieren. Ihre Zahl wird in den USA auf 5.000 bis 10.000 geschätzt. Nur drei Unternehmen hatten Ende der 80er Jahre jährlich über 1.000 Kunden. Die Situation in Deutschland ist ähnlich: Auch hier wird die Branche von vielen Spezialveranstaltern geprägt, die ihre Reiseangebote in erster Linie unter Expeditions- oder Abenteuertourismus subsumieren. Daneben enthalten die Programme von Studienreiseveranstaltern häufig Besuche von Schutzgebieten. Zusätzliche Konkurrenz entsteht schließlich dadurch, daß einige der großen Tourismuskonzerne Naturtourismus als Element zur Diversifizierung ihrer Produktpalette von Fernreise-Programmen „entdeckt" haben oder im Rahmen von Ausflügen als zusätzliche Attraktion eines Strandurlaubs anbieten.

Weltweit ist ein Trend festzustellen, daß das Interesse der Anbieter an einer Begrenzung des Tourismus in Schutzgebieten wächst. Gleichzeitig steigt vielerorts die Bereitschaft, Naturschutzmaßnahmen aktiv zu unterstützen. Dies wird einerseits deutlich an Beispielen aus den Ländern Afrikas, wo dem Naturtourismus im Hinblick auf Anti-Wilderei-Maßnahmen eine besondere Bedeutung zukommt. Zum einen erhöht sich – zumindest indirekt – die Kontrolle in Teilbereichen von Schutzgebieten, da die Campbetreiber selbst großes Interesse daran haben, Wilderei zu unterbinden. Zum anderen sind in den Camps in der Regel auch Wildhüter stationiert und die Einrichtungen der Camps (Funkstationen etc.) lassen sich für Anti-Wilderei-Maßnahmen nutzen.

Andererseits gibt es konkrete Ansätze von Veranstaltern, den Natur- bzw. Wildschutz zu forcieren (Öko-Sponsoring). In Nord-Tansania hat sich zum Beispiel ein Anbieter bereit erklärt, an die Dörfer der Pufferzone von Schutzgebieten „Wilderness Conservation Fees" in Höhe von umgerechnet 12 US-$ pro Tourist und Tag zu zahlen. Und das *Cullman Rewards and Benefit Scheme* basiert auf freiwilligen Zusatzzahlungen von Jagdkunden in Höhe von 20% und mehr auf die Wildgebühren, wodurch in der Saison 1992 ein Finanzvolumen von über 61.000 US-$ entstand, das in Summen von knapp 2.000 US-$ bis über 15.000 US-$ auf sieben Dörfer bzw. Distrikte aufgeteilt wurde. Aus diesen Mitteln wurden neben Gemeindeentwicklungsprojekten vor allem Anti-Wilderei-Aktivitäten – u.a. durch die Bereitstellung von Ausrüstung, Kraftstoff und Belohnungen für Anti-Wilderei-Erfolge – gefördert.

Von der Zielrichtung her vergleichbare Beispiele gibt es auch in anderen Ländern: So haben einige costaricanische Veranstalter einen Fonds zur finanziellen Unterstützung des Parkpersonals gegründet, welches in Costa Rica chronisch unterbezahlt ist und daher seinen wachsenden Aufgaben durch den Besucherboom nicht mehr gerecht werden kann. Und schließlich lassen auch in den Herkunftsländern Veranstalter von Natur- und Abenteuerreisen

Trekking-und Abenteuertourismus spielen häufig eine Vorreiterrolle für die touristische Erschließung einer Region (Aufn.: Manfred Niekisch).

nach häufig geübter Kritik ein größeres Engagement im Natur- und Umweltschutz erkennen. Naturreiseveranstalter haben in der Vergangenheit lokale Umweltorganisationen in den Zielländern mitbegründet oder deren Arbeit aktiv unterstützt. In Deutschland wurde der *Arbeitskreis Trekking- und Expeditionstourismus* (ATE) gegründet, der sich u.a. eine Erhöhung der ökologischen Standards seiner Mitgliedsunternehmen (z.B. geregelte Abfallentsorgung, keine Verwendung von Feuerholz, Meidung sensibler Zielgebiete) zum Ziel gesetzt hat. Einige der Mitgliedsunternehmen haben nicht nur ökologische Firmenleitbilder entwickelt, sondern unterstützen auch soziale und ökologische Projekte in den Zielgebieten.

Das zunehmende Umwelt-Engagement von Reiseveranstaltern im Naturtourismus-Bereich sollte zum jetzigen Zeitpunkt allerdings nicht überbewertet werden, denn dazu sind die Aktivitäten noch zu punktuell. Es ist anzunehmen, daß die Firmen zunehmend ein Eigeninteresse am Naturschutz erkennen, da naturtouristische Reisedestinationen empfindlich und nicht beliebig austauschbar sind. Dies legt Strategien einer Begrenzung der Besucherzahl, der firmenpolitisch orientierten Stärkung des Naturschutzes in den Zielgebieten und der exklusiven Absicherung von Nutzungsrechten nahe. In die gleiche Richtung tendieren Initiativen von Anbietern, durch Landkauf private Schutzgebiete einzurichten, wenn vom Staat kein ausreichendes Engagement erwartet wird. So ist zum Beispiel ein deutscher Veranstalter dabei, ein solches Reservat in der Amazonas-Region Ecuadors aufzubauen.

Bei der Betrachtung der Steuerungsstrukturen des Naturtourismus darf ein Aspekt nicht vergessen werden, der für Zielländer von großer Bedeutung ist. Viele der in den touristischen Quellgebieten ansässigen Reiseveranstalter arbeiten mit Agenturen im Zielland („inbound operators") zusammen, die dort die Reiseorganisation übernehmen. Hierbei handelt es sich nicht selten um größere Firmen als bei den Reiseveranstaltern aus den Industrieländern. So werden beispielsweise 60% des Naturtourismus-Marktes in Costa Rica von der Firma "Costa Rica Expeditions" abgedeckt. Andererseits gibt es in einigen Entwicklungsländern (z.B. in Nepal) auf lokaler und regionaler Ebene eine Vielzahl kleiner Familienunternehmen, die vor Ort kürzere Trips für Individualtouristen arrangieren. Die Beeinflussung dieser Partner ist in sehr unterschiedlichem Maße möglich. Zudem ist anzunehmen, daß eine Reihe von Inbound Operators sich eher der wachstumsorientierten Tourismuswirtschaft der Zielländer als dem begrenzungsorientierten Naturschutz verbunden fühlen.

In Anbetracht der ungleichgewichtigen Steuerungspotentiale einzelner Akteure im Naturtourismus ist es von Bedeutung, Strukturen zu schaffen, die einen Interessenausgleich zwischen den Beteiligten aus Naturschutz und Tourismus sowie der lokalen Bevölkerung ermöglichen. Initiativen in dieser Richtung erfolgen in verschiedenen Ländern im Rahmen einzelner Programme. In Zimbabwe gehört das bereits erwähnte Campfire-Programm dazu. In Ecuador gibt es in einzelnen Regionen Ansätze, die darauf abzielen, durch Zusammenschlüsse unterschiedlicher Institutionen auf Provinzebene Umweltfragen zu behandeln, unter denen auch Probleme des „unsachgemäßen Tourismus" aufgeführt werden.

Die Provinz und Kommunalverwaltungen sind in den Gremien ebenso repräsentiert wie die verschiedenen Institutionen der Ministerien, das Militär, sozialpolitische Organisationen der lokalen Bevölkerung, Vertreter von Nicht-Regierungsorganisationen, Medienvertreter sowie Repräsentanten von Gremien und Firmen der Privatwirtschaft. De facto handelt es sich bei solchen Gremien um die in Lateinamerika weit verbreitete parakorporative Form organisierter Öffentlichkeit, bei der es darum geht, durch Dialog auf Entscheidungsträger einzuwirken. Ein wichtiger Nebeneffekt solcher Ansätze ist, daß Zusammenschlüsse selbst wiederum organisationsbildend wirken können. So wurde zum Beispiel in einem Fall eine Organisation der im Tourismus tätigen Führer und eine Reorganisation des Hotel-und Gaststättenverbandes angeregt.

In eine ähnliche Richtung gehen Bemühungen im Cuyabeno-Schutzgebiet in Ecuador, die darauf abzielen, einen Rat für das Naturschutzgebiet aufzubauen (Consejo de la Reserva) und im Sinne eines Runden Tisches zu organisieren. Dieses sozial-administrative Gremium, in dem alle in der Reserva lebenden Gruppen und wirtschaftenden Unternehmen sowie die zuständigen Behörden vertreten sein sollen, soll einen Beitrag zur stabilen Entwicklung des Schutzgebietes leisten.

Ergebnisse und Schlußfolgerungen

Potentiale und Grenzen

Der Naturtourismus bietet vielfältige Potentiale, Naturschutzmaßnahmen in Entwicklungsländern attraktiver zu machen. Faßt man die hier diskutierten Aspekte zusammen, so ist jedoch festzustellen, daß die Entfaltung dieser Potentiale im Sinne von Ökotourismus im engeren Sinne nur dann nachhaltig gesichert werden kann, wenn

- der Tourismus zur Verbesserung des Lebensstandards der lokalen Bevölkerung in Schutzgebieten bzw. deren Randzonen beiträgt,
- Innovationspotentiale entstehen, die zur Lösung von regionalen oder sektoralen Problemen genutzt werden können,
- Verteilungsmechanismen vorhanden sind oder entwickelt werden können, die der Bevölkerung in Schutzgebieten bzw. deren Randzonen und dem Naturschutz einen möglichst großen Anteil an den Erträgen des Tourismus garantieren,
- sichergestellt werden kann, daß die touristische Entwicklung von „verantwortlichen" Veranstaltern getragen wird,
- ausreichende Kontrollmöglichkeiten zur Überprüfung der Umwelt- und Sozialverträglichkeit des Tourismus geschaffen und durchgesetzt werden können.

Es ist dabei zu beachten, daß die typischen Problembereiche politisch-administrativer Systeme in Entwicklungsländern der Sicherung der Potentiale des Ökotourismus Grenzen auferlegen. Hierzu gehören Engpässe in Bezug auf personelle Faktoren (u.a. schlechte Bezahlung, mangelndes Know-how, geringe Motivation), technische Ausrüstungsstandards von Parkverwaltungen, die Interessenvielfalt der Akteure, die Einfluß auf die Entwicklung von Schutzgebieten haben, sowie die häufig begrenzten gesellschaftlichen Partizipationsmöglichkeiten an Entscheidungsprozessen, vor allem auf der lokalen Ebene.

Maßnahmen

Vor dem Hintergrund der eingangs dargestellten theoretischen Bezugspunkte ist im Sinne des Naturschutzes und der betroffenen Bevölkerung zu empfehlen, daß

- Ökotourismus – in seinem spezifischen Bedeutungsgehalt einschließlich seiner restringierenden Elemente – stärker als bisher zu einem Bestandteil der nationalen Politik und Planung der betroffenen Länder wird. Dies bedeutet, daß Ökotourismus in nationalen Tourismus- und Naturschutzstrategien Berücksichtigung finden und die übersektorale Koordination, vor allem zwischen Naturschutz- und Tourismusbehörden, intensiviert werden müßte.

- Ökotourismus im Management von Schutzgebieten und Pufferzonen besser berücksichtigt wird. Dies heißt, daß Schutzgebietsmanagementpläne ökotouristische Aktivitäten berücksichtigen und integrieren sollten, Mechanismen zur Regulierung von Besucherzahlen und -verhalten entwickelt werden müßten, das Monitoring ökologischer und sozialer Auswirkungen intensiviert werden sollte und ein System von Eintritts- und Nutzungsgebühren mit dem Ziel der Selbstfinanzierung viel besuchter sowie der Querfinanzierung weniger frequentierter Schutzgebiete zu entwickeln wäre.

- die Bevölkerung im Bereich der Schutzgebiete am Ökotourismus stärker partizipieren kann. Dies könnte durch eine Stärkung von kommunalen Selbstverwaltungsgremien, die Förderung des Konsums lokaler Produkte, der Nutzung lokalen Handwerks und der stärkeren Rekrutierung einheimischen Personals im Tourismus sowie im Naturschutz, die Unterstutzung zur Bildung von Joint Ventures mit touristischen Veranstaltern sowie die Einrichtung revolvierender Fonds aus touristischen Einnahmen für kollektive und individuelle Kompensationsleistungen erreicht werden.

- die Privatwirtschaft den Ökotourismus fördert und Selbstbindungsmechanismen hinsichtlich der Beachtung seiner Kontrollregelungen verbessert werden. Dies setzt u.a. die Bildung bzw. Stärkung berufsständischer Vereinigungen und deren Einbeziehung in Entscheidungsprozesse, die Beratung zu Fragen des Umwelt- und Naturschutzes im Ökotourismus, die Beratung zu Fragen der Vermarktung und Angebotsgestaltung nationaler und insbesondere lokaler Reiseveranstalter sowie die Festlegung und regelmäßige Überprüfung von Qualitätsstandards, entweder durch die berufsständischen Vereinigungen selbst oder durch Touristen voraus.

- Nicht-Regierungsorganisationen – u.a. im Sinne der „neuen Internationalen" bei der Förderung und Kontrolle des Ökotourismus stärker involviert werden. Dabei spielen einerseits Fragen der Auswahl kompetenter, unabhängiger Nicht-Regierungsorganisationen, die am Schutzgebietsmanagement beteiligt werden könnten, und andererseits Möglichkeiten ihrer Beteiligung an der Verwaltung von Schutzgebieten, an der Durchführung von Tragfähigkeits- und Umweltverträglichkeitsstudien sowie an der Informations- und Öffentlichkeitsarbeit eine besondere Rolle.

Kooperatives Schutzgebietsmanagement als Perspektive

Will man den Tourismus aktiv fördern und setzt man dabei auf den Ökotourismus, so könnte die Entwicklung von kooperativen Strukturen im Management von Schutzgebieten im Sinne der aufgezeigten Beispiele hilfreich sein, um die Potentiale des Tourismus in ihrer Wirkung nachhaltig zu unterstützen und die aufgezeigten Probleme zu überwinden. Kooperatives Schutzgebietsmanagement (KSM) bedeutet, daß das Management von Schutzgebieten nicht allein den Naturschutzbehörden überlassen werden sollte, da diese institutionell zu schwach sind, um Schutzmaßnahmen allein durchsetzen zu können. Vielmehr geht es darum, ein hohes Maß an Vernetzung zwischen den unterschiedlichen am Naturschutz und am Ökotourismus beteiligten bzw. davon betroffenen Akteuren zu schaffen und diese in Form von Komitees oder Runden Tischen am Schutzgebietsmanagement zu beteiligen.

Dabei bietet sich eine Arbeitsteilung zwischen staatlichen Stellen, lokalen Dorfgemeinschaften, privaten Touristikanbietern sowie Nicht-Regierungsorganisationen an. Hauptaufgaben der staatlichen Stellen wären die Schaffung rechtlicher und planerischer Rahmenbedingungen sowie die Durchführung hoheitlicher Aufgaben. Die lokalen Dorfgemeinschaften können direkt (als selbständige Unternehmer oder durch Übernahme von Schutzaufgaben) oder indirekt (als Interessenvertretung) am KSM beteiligt werden. Die privaten Touristikanbieter könnten vor allem ihr professionelles Know-how (z.B. Marktkenntnisse, Managementerfahrung) in den Entwicklungsprozeß einbringen. Ihre aktive Einbeziehung könnte außerdem Selbststeuerungsansätze unterstützen. Und den Nicht-Regierungsorganisationen könnte eine Mittlerrolle und die Herstellung internationaler Öffentlichkeit als Hauptaufgaben zufallen. Außerdem könnten sie zusätzliche Finanzierungsquellen erschließen und Know-how im Bereich Naturschutz einbringen.

Ökotourismus im engeren Sinne ist ein äußerst steuerungsintensives Segment des Tourismus. Steuerung ist jedoch – insbesondere in Entwicklungsländern – auf das Vorhandensein von „checks and balances" angewiesen, wenn die einseitige und unausgewogene Durchsetzung von Interessen vermieden werden soll. Kooperatives Schutzgebietsmanagement (KSM) könnte einen Ansatz bieten, „checks and balances" besser zur Geltung zu bringen. Vor diesem Hintergrund könnte der Ökotourismus einen wertvollen Beitrag zum Naturschutz leisten.

Literatur

ARBEITSGRUPPE ÖKOTOURISMUS (1995): Ökotourismus als Instrument des Naturschutzes? Möglichkeiten zur Erhöhung der Attrakivität von Naturschutzvorhaben. Köln. (= Forschungsberichte des BMZ, 116).

BMZ (Hrsg.) (1993) Tourismus in Entwicklungsländer. Erarbeitet von: ADERHOLD, P., VON LAßBERG, D., STÄBLER M., A. VIELHABER. Materialien Nr. 88. Bonn.

BOO, E. (1990): Ecotourism: The Potentials and Pitfalls. WWF. Washington D.C.

BURGHOFF, C. (1993): Wird der Tourismus wirklich grün? Die Tageszeitung vom 2.4.93. zit. in: HIN & WEG taz Reisejournal 1/94.

CEBALLOS-LASCURAIN, H. (1991): Tourism, Ecotourism, and Protected Areas. In: J. KUSLER, (1991): Ecotourism and Resource Conservation. o.O.

ELLENBERG, L. (1993): Naturschutz und Technische Zusammenarbeit. In: Geographische Rundschau 5/1993.

GLEICH, M. (1995): Serengeti – Paradies in Gefahr? In: Lufthansa Bordbuch 1/95.

GTZ (1992): Handlungsfelder der Technischen Zusammenarbeit im Naturschutz. Eschborn.

HALL, M. (1994): Ökotourismus im Südpazifik. Ökologische Aspekte, kulturelle Bedenken. In: Geographische Rundschau 11/1994.

HELLER. A. (1990): "Der Einfall touristischer Horden führt zur Ausrottung des Schönen..." – In: K. LUDWIG, M. HAS, M. NEUER (Hrsg.): Der neue Tourismus. Rücksicht auf Land und Leute. München.

INGRAM, D.; DURST, P. (1987): Nature-Oriented Travel to Developing Countries. FPEI Working Paper No. 28. o.O.

LINDBERG, K. (1991): Policies for Maximizing Nature Tourism's Ecological and Economic Benefits. International Conservation Financing Project Working Paper. World Resources Institute. USA.

MACKINNON, J. et al. (1986): Managing Protected Areas in the Tropics. IUCN. Gland (Schweiz).

MERZ, M.; WERNICKE, Ch. (1995): Die neue Internationale. In: DIE ZEIT vom 25.8.1995.

MEYER, G.; THIMM, A. (Hrsg.) (1996): Tourismus in der Dritten Welt. Johannes Gutenber-Universität Mainz, Interdisziplinärer Arbeitskreis Dritte Welt, Veröffentlichungen Bd. 10. Mainz

MÜLLER, B. (1994): Ökotourismus in Entwicklungsländern: Umweltpolitische Leerformel oder wirksame Regionalentwicklungsstrategie? In: Festschrift für Erdmann Gormsen zum 65. Geburtstag. Mainzer Geographische Studien H. 40. Mainz.

MÜLLER, B. (1997): Was ist Ökotourismus? In: B. RAUSCHELBACH (Hrsg.), (Öko-) Tourismus - Instrument für eine nachhaltige Entwicklung?. Heidelberg.

STRASDAS, W. (1994): Auswirkungen neuer Freizeittrends auf die Umwelt – Entwicklung des Freizeitmarktes und die Rolle technologischer Innovationen. Forschungsbericht der Technischen Universitat Berlin, Institut für Landschafts- und Freiraumplanung, im Aufirag des Bundesumweltministeriums. Aachen.

WTO (1990): Compendium of Tourism Statistics 1985–1989. Eleventh Edition, Madrid.

WTO / UNEP (Hrsg.) (1992): Guidelines - Development of National Parks and Protected Areas for Tourism. WTO, UNEP-IE/PAC Technical Report Series No. 13. Madrid / Paris.

ZIFFER, K. (1989): Ecotourism – The Uneasy Alliance. First in Conservation International's Series of Working Papers on Ecotourism. o.O.

Bei dem Beitrag handelt es sich um eine überarbeitete Fassung eines Artikels, der in dem Band „Tourismus in der Dritten Welt" (Meyer & Thimm 1996) erschien.

Prof. Dr. Bernhard Müller

TU Dresden, Lehrstuhl für Raumentwicklung, und Institut für ökologische Raumentwicklung e.V.
Weberplatz 1
01217 Dresden

Erhaltung von Schutzgebieten durch Tourismus

von Manfred Niekisch

Das Thema könnte auch lauten: Erhaltung von Schutzgebieten trotz Tourismus, gegen Tourismus oder dank Tourismus. Mit den bisherigen Erfahrungen läßt sich jede dieser Formulierungen rechtfertigen.

Schutzgebiete

Die Liste der Vereinten Nationen über die Naturschutzgebiete der Erde verzeichnet weltweit 9.832 Gebiete mit 9,263 Millionen km² (IUCN 1994b). Das sind knapp 1,8% der Erdoberfläche. Der Anteil terrestrischer Schutzgebiete an der Landoberfläche der Erde macht etwa 5% aus. Schon diese Zahlen machen deutlich, daß Naturschutzgebiete bei weitem nicht ausreichen, um die Natur, die Biodiversität der Erde zu erhalten. Hinzu kommt der desolate Zustand vieler Naturschutzgebiete.

Dennoch sind Schutzgebiete unverzichtbar. Sie sind oft letzte Inseln intakter Natur und Rückzugsräume für bedrohte Arten. Selbst der einst weitverbreitete und häufige Afrikanische Elefant hat heute praktisch nur noch in Schutzgebieten eine Chance zu überleben.

Nationalparks sind die bekannteste Kategorie von Schutzgebieten. Es gibt keine international rechtlich bindende Definition dafür, was ein Nationalpark ist und welche Nutzungen dort erlaubt oder verboten sind. In den internationalen Empfehlungen zu den Kategorien von Schutzgebieten (IUCN 1994a) wie in der Praxis der einzelnen Staaten dienen die Nationalparks als eine der „höchsten" Schutzgebiets-Kategorien fast immer dem Doppelziel des Naturschutzes und der touristischen Nutzung. Pikanterweise ist es im Gegensatz dazu eine relativ neue und noch keineswegs weithin akzeptierte Erkenntnis, daß auch die Anwesenheit traditioneller menschlicher Bewohner in Naturschutzgebieten durchaus vereinbar sein kann mit den Zielsetzungen des Naturschutzes. Die neuesten internationalen Empfehlungen für die Kategorie „Nationalpark" lassen die Möglichkeit des dauerhaften Verbleibens und Wirtschaftens von Menschen ausdrücklich zu (IUCN 1994a, vgl. AMEND & AMEND 1995).

Viele intakte Naturräume sind von höchster Wertigkeit für den Naturschutz, ohne allerdings einen Rechtsstatus als Naturschutzgebiet haben, und sie werden gleichzeitig bewohnt von Menschen, die hier traditionell leben und weiterhin so leben wollen. Die Formulierung, diese meist indigenen Bewohner lebten „im Einklang mit der Natur", entspricht einer rein weißen, einer europäischen Sichtweise. Für viele indigene, naturnah lebende Ethnien ist ihr natürliches Umfeld, sind Bäume, Felsen, Flüsse, Lebens- und Stoffkreisläufe Bestandteil ihrer Kultur. Die Menschen wollen nicht Natur erhalten, sondern in ihrer Kultur, gemäß ihrer Kosmovision leben. Aufgrund eines ganzen Bündels von Gründen ist es weder möglich noch erwünscht, in solchen Gebieten grundsätzlich das Ziel des Schutzes von Flächen und Biodiversität über die Naturschutzbehörden und die Naturschutz-Gesetzgebung anzustreben. Wohlgemerkt, es geht hier nicht um die Frage, ob ein Nationalpark die Anwesenheit von Menschen verträgt. Es geht darum, die Bedeutung indigener Territorien für die Erhaltung der Biodiversität zu erkennen und zu nutzen. Hinsichtlich Zielsetzung, Verfahren, Rechtsinstrumenten und Zuständigkeiten ist dies etwas ganz anderes als ein Vorhaben zur Ausweisung eines Naturschutzgebietes.

Ganz aktuell hat sich zwar auch auf dem 1. Lateinamerikanischen Kongreß über Nationalparks und andere Schutzgebiete im Mai 1997 in Kolumbien wieder bestätigt, daß sich die „Schutzgebiets-Diskussion" noch immer weitgehend beschränkt auf die Naturschutzgebiete im klassischen Sinn, mit den klassischen Instrumenten des Naturschutzes. Dennoch ist unübersehbar, daß sich die Sicherung von Besitztiteln und Selbstbestimmungsrechten traditioneller lokaler Bewohner erfolgreich mit Naturschutzzielen verknüpfen läßt.

In einer Zeit, in der ungestörte Naturräume und traditionelle Kulturen gemeinsam immer stärkerem Druck von außen ausgesetzt sind, wachsen Anliegen der Menschenrechte und des Naturschutzes immer stärker zusammen. Folglich sind beide Bereiche für den Tourismus-Sektor relevant.

Damit sind wir bei den Erfahrungen mit Tourismus in Naturschutzgebieten und auch in solchen Gebieten, die man schlagwortartig als „Indigenen-Schutzgebiete" bezeichnen kann.

Positive Erfahrungen mit Tourismus in Schutzgebieten

In einigen Naturschutzgebieten hat sich Tourismus bereits als tragfähiger Bestandteil einer Naturschutzstrategie und als Verbündeter des Naturschutzes erwiesen. Hierzu einige konkrete Beispiele:

• Verschiedene Gebiete mit hochbedrohten Tierarten verdanken ihr Überleben gegen die vielen anderen Nutzungsinteressen eindeutig den beiden Tatsachen, daß sie unter Schutz stehen und daß Touristen Geld in die Region bringen, um diese Natur-Attraktionen zu sehen: Von der belgischen Kolonialmacht gegen die Interessen der lokalen Bevölkerung durchgesetzt, erzielte der Schutz der Berggorillas an den Vulkanen zwischen Zaire und Ruanda erst Akzeptanz, als er – dank Tourismus – zur wichtigen Einkommensquelle für die lokale Bevölkerung und für das gesamte Land wurde.

• Im indischen *Kaziranga-Nationalpark* hat die zunehmende Anwesenheit von Touristen mit den lokalen Führern dazu beigetragen, daß die Wilderei als einzige, dramatische Gefährdungsursache für die bedrohten Panzernashörner nicht mehr ungestört vonstatten gehen konnte und inzwischen fast gestoppt ist. Die Zahl der Nashörner dort nahm wieder kräftig zu.

Die Tier- und Pflanzenwelt stellt in manchen Gebieten ein erhebliches touristisches Potential dar (Aufn.: Manfred Niekisch).

- Im Schutzgebiet *Lagunas del Cuyabeno* im Amazonas-Tiefland von Ecuador verbünden sich die Tourismus-Industrie, Naturschutzbehörden, private Naturschützer und die dort wohnenden Siedler und Indigenen gegen die umweltzerstörenden Methoden der Erdöl-Industrie und verfolgen – aus teilweise unterschiedlichen Motiven heraus – das gemeinsame Ziel, die Lagunen und Wälder zu erhalten. Wenn die Erdölförderung sich dort weiter ausweitet, verliert das Gebiet seine Biodiversität, seinen Reiz, seine Schönheit und Lebensqualität, auf welche die lokalen Bewohner und der Tourismus angewiesen sind.

- In den letzten intakten Waldgebieten Nordvietnams wurden 1992/93 zwei neue Arten von Großsäugetieren wissenschaftlich entdeckt. Die lokale Bevölkerung in der Provinz Ha Tinh kennt diese Arten seit jeher und jagte sie zur Fleischversorgung. Seit vor Ort bekannt ist, daß diese beiden Tierarten (und wohl viele andere, die noch der wissenschaftlichen Entdeckung harren) nur dort vorkommen und ihre wissenschaftliche Entdeckung international eine Sensation darstellt, zeigen die lokalen Bewohner großen Stolz auf diese ihre natürlichen Reichtümer und engagieren sich für deren Schutz. Unter anderem beantragten sie die Einrichtung eines Schutzgebietes, die inzwischen erfolgt ist. Die Basis zur Verwirklichung dieses Schutzgebietes legte ein umfassendes, selbstverwaltetes Pufferzonenprojekt. Nun hofft die Bevölkerung, durch Tourismus von Kleingruppen eine systematisch wahrzunehmende Einnahmequelle entwickeln zu können.

Die synoptische Analyse der bisherigen Erfahrungen mit Tourismus in Schutzgebieten ergibt im wesentlichen folgende positiven Wirkungen:

• Tourismus in geschützte Gebiete kann Einnahmen für Schutzmaßnahmen generieren. Die Einnahmen, welche der Ferntourismus den besuchten Ländern bringt, sind zum Teil erheblich. Für Galapagos sind dies pro Jahr etwa 50 Mio. US-$. In Tanzania hinterlassen knapp 300.000 Touristen jährlich geschätzte 7,5 Mio. US-$ allein an Eintrittsgebühren in die verschiedenen Schutzgebiete. Diese enormen Finanzmittel stehen dem Naturschutz aber nur bedingt zur Verfügung. So werden beispielsweise in Tansania die Einnahmen der Schutzgebiete und des Natur-Tourismus dem nationalen Budget zugeschlagen. Anteile daraus fließen zwar zurück in die Nationalparks, aber diese Anteile sind zu niedrig, um die Aufgaben zu erfüllen, und sie gehen vor allem in touristisch wichtige Gebiete wie den Ngorongoro-Krater und die Serengeti. Touristisch weniger bedeutsame Schutzgebiete wie Mikumi im Süden des Landes werden benachteiligt und stehen hinsichtlich der staatlichen Unterstützung wesentlich schlechter da. Dieser Mechanismus ist für viele Zielländer des Tourismus typisch. Dies ist allerdings natürlich kein Problem des Tourismus, sondern der internen Verteilung von Mitteln.

• Der Bedarf der Touristen an Transport, Unterkunft, Verpflegung, Führung und Souvenirs schafft Arbeitsplätze und lokale Einkommensquellen.

• Die Begegnung der Touristen mit natürlicher Landschaft und Wildtieren, vor allem mit charismatischen Großtierarten, kann auf emotionaler und rationaler Ebene für die Touristen (erste) Motivation zu mehr Umweltbewußtsein bzw. Einstieg zum Engagement für Naturschutzfragen sein.

• Ohne internationales Interesse hätten die Schutzgebiete politisch auf nationaler Ebene einen geringeren Stellenwert.

• Die einheimische Bevölkerung erhält durch fremde Besucher überregionale Maßstäbe für die Bedeutung der natürlichen Gegebenheiten ihrer Heimat und entwickelt daraus Regionalstolz und Selbstbewußtsein.

Probleme durch Tourismus in Schutzgebieten

In vielen Nationalparks und in anderen Schutzgebieten hat der Tourismus mehr als jede andere Nutzungsform schwere Störungen und Schäden verursacht. Eine weltweite Übersicht über diese Schäden wurde erstmals 1982 auf dem Welt-Nationalpark-Kongress der IUCN in Bali/Indonesien zusammengestellt (siehe Tab.). Diese Aufstellung reicht von der Lärmbelästigung über Erosionsförderung bis hin zur Slumbildung im Umfeld von Touristenlodges. Seitdem sind aufgrund des Booms im Ferntourismus und dank besserer Untersuchung des Problemfeldes viele weitere Schadauswirkungen hinzugekommen bzw. bekanntgeworden.

Häufig stellen auffällige Naturdenkmäler wie Baumindividuen, Höhlen oder Quellen traditionell heilige Stätten für indigene Bewohner der Region dar. Die Tourismusindustrie nimmt darauf oft keinerlei Rücksicht, und sogar in Ma-

Naturtourismus kann eine erhebliche Einnahmequelle für die lokale Bevölkerung darstellen (Aufn.: Manfred Niekisch).

nagementplänen für Schutzgebiete wird dieses Problem häufig übersehen (vgl. IUCN 1993, S.177). Für die betroffene Bevölkerung bedeutet die Entweihung dieser Stätten durch Fremde, gleich ob sie aus Unwissenheit, Nachlässigkeit oder Absicht erfolgt, ein ernsthafte, schwerwiegende Störung.

Inwieweit die touristische Nutzung eines Schutzgebietes mit den Schutzzielen vereinbar ist, ob sie den Kriterien von Nachhaltigkeit entspricht, läßt sich zwar bis zu einem gewissen Grad prognostizieren, oft aber erst retrospektiv feststellen.

Natürlich sind massive Schäden wie Erosion leicht erkennbar und damit bewertbar, doch mit so groben Maßstäben lassen sich Veränderungen an sensiblen Ökosystemen nicht hinreichend erfassen, geschweige denn vorhersagen. Es fehlt noch weitgehend an den wissenschaftlichen Grundlagen für Monitoring. Die Problematik der Entwicklung eines aussagekräftigen Monitoring sei mit drei Beispielen skizziert:

• Der Besucherstrom in der afrikanischen Serengeti hat keine erkennbaren Negativeinflüsse auf die Löwenpopulation, selbst wenn ganze Rudel über Stunden von mehreren Safaribussen umringt sind. Löwen sind relativ „robust", können nachts jagen, ernähren sich auch von Aas und sind daher nicht auf tägliche Jagd angewiesen.

Tab.: Durch Tourismus verursachte Störungen in Naturschutzgebieten (nach MacKinnon et al. 1986, verändert und ergänzt durch eigene Beobachtungen).

Störung	Folgen für die Natur	Beispiele
Zu hohe Besucherzahlen	Verhaltensänderungen der Tiere, Umweltstreß	Amboseli, Galapagos, Canaima
Überentwicklung mit städtischen Strukturen	Ausbildung ländlicher Slums, Störung des Landschaftsbildes	Seronera
Motorboote	Störung der Tierwelt, Uferschäden, Verschmutzung durch Abgase, Öl und Treibstoff	Murchison Falls, Cuyabeno
Fußsafaris	Störung der Tierwelt, Bodenschäden	Kilimanjaro, Galapagos
Lärm (Radios, Motorfahrzeuge)	Störung anderer Besucher und der Tierwelt	Cuc Phuong, Amboseli, Taman Negara
Fütterung der Tiere	Verhaltensänderungen der Tiere, Gefahr für Besucher	Chobe, Masai Mara
Autoverkehr	Straßentod von Wildtieren	Mikumi, Virunga, Amboseli
Fahrten abseits der Pisten	Zerstörung der Pflanzendecke, Staub, Erosion, Störung der Tiere	Serengeti, Ngorongoro, Amboseli
Sammeln und Einschlag von Brennholz	Nährstoffentzug, Schäden an der Vegetation	Kilimanjaro, Kafue
Künstliche Salzlecken und Wasserstellen	Eingriff in Minimumfaktoren, unnatürliche Tierdichten, Schäden an der Vegetation	Chobe, Aberdare

Ganz anders ist dies beim Geparden, der ausschließlich Tagjäger ist und täglich frische Beute braucht. Der Beobachtungsdruck hindert ihn an Jagd und Futteraufnahme. Touristenverhalten, welches für Löwen kein Problem ist, kann für diese andere Katzenart also existenziell bedrohlich werden.

• Hoatzine („Stinkhühner") leben in der uferbegleitenden Baumvegetation der südamerikanischen Tropen. Beim Vorbeifahren von (Touristen-) Booten lärmen sie zwar gewaltig und zeigen heftige Fluchtreaktionen. Aber auch wenn es immer wieder zu Störungen kommt, verlassen sie ihre Lebensräume nicht und sind regelmäßig zu beobachten. Wie sich in einer derzeit im Cuyabeno/Ecuador laufenden Studie abzeichnet (Möllner, mdl. Mitt.), können die Folgen des Tourismus für diese Tiere dennoch erheblich sein. Sie verlagern nämlich ihre Nester weg vom Wasserrand in weiter waldeinwärts gelegene, ungestörte Bereiche. Dort ist – aus noch unbekannten Gründen – der Aufzuchterfolg von Jungvögeln deutlich geringer. Die vordergründige, optische Feststellung (Hoatzine leben weiter an den angestammten Plätzen) vermittelt also ein falsches Bild, und erst genaue wissenschaftliche Untersuchungen fördern das wahre Problem zutage.

- In dem gleichen Forschungsvorhaben zeichnet sich auch ab, daß verschiedene kleinere Affenarten sich nicht an den Motorbootverkehr gewöhnen, sondern bei jeder derartigen Störung flüchten. Es fragt sich, wie wir das bewerten wollen. Ist es gut, daß die Affen ihr natürliches Verhalten auch bei touristisch bedingten häufigeren Störungen beibehalten, oder hat dieser Streß schädliche Auswirkungen?

Raubbau an Ressourcen

Die (potentiell) positiven Effekte von Tourismus in Schutzgebieten werden häufig schon dadurch konterkariert, daß aufgrund der großen Nachfrage der Touristen bzw. aus rein finanziellen Interessen der Regierungen oder der lokalen Bevölkerung heraus die touristischen Nutzungsaspekte weit über die Belange des Schutzes gestellt werden. Natur wird oft nur so weit geschützt, wie dies zur „Anlockung" und Befriedigung der Touristen unbedingt notwendig ist. Das umfassende Schutzkonzept wird allzu leicht reduziert auf die Erhaltung touristischer Highlights, sogar wenn es sich – wie bei Galapagos – um Gebiete mit dem Status „Welterbe der Menschheit" handelt. Dieser Klassiker des Tourismus und des Naturschutzes übt eine gewaltige Sogwirkung aus – auf Touristen und auf die, die an ihnen verdienen wollen.

In Galapagos entwickelte sich aus dem Tourismus-Geschäft eine Goldgräber-Stimmung. Da nicht alle, die sich das große Geschäft mit Touristen erhofften und deswegen in großer Zahl auf die Inseln zogen, auch zum Zuge kamen, begann der Raubbau an den Ressourcen, beispielsweise die illegale Überfischung der küstennahen Gewässer. Interessenvertreter angeblich lokaler Fischer drohten 1995 mit der Entführung von Touristen, falls sich der ecuadorianische Staatspräsident einer Legalisierung des fischereilichen Raubbaus widersetzt. Die Dramatik der Situation war ziemlich einmalig, der Kreislauf aus Sogwirkung des Tourismus, Goldgräber-Stimmung und zunehmender Plünderung der Ressourcen dagegen ist es nicht.

Tourismus schaffte hier nicht eine Alternative zum Raubbau, sondern er löste ihn (ungewollt) aus.

Obwohl die Touristenführer auf den Galapagos-Inseln sehr gut geschult sind und die Einhaltung der Nationalpark-Regeln besser überwacht wird als in den meisten anderen Nationalparks der Welt, läuft auch der Tourismus dort völlig aus dem Ruder. 1975 wurde zur Sicherung der Naturschutzziele eine Obergrenze von 12.000 Besuchern pro Jahr empfohlen. Die Besucherzahl steigt seitdem ständig an und betrug im Jahr 1995 50.000! Die Grenzen der Belastbarkeit vieler Inseln sind nicht nur erreicht, sie sind bereits überschritten. Ähnlich geht es der Serengeti und anderen Nationalparks von Weltruf.

Eine wesentliche Verteuerung oder Beschränkungen zugunsten geringerer Besucherzahlen scheitern in Galapagos wie anderswo u.a. am Widerstand vieler Reiseunternehmer. Es war nicht zuletzt der Druck der internationalen Tourismus-Industrie auf die Naturschutzbehörden in Ruanda, der dazu geführt hat, daß die streng begrenzten Besucherzahlen für die Touren zu den Berggorillas teilweise erhöht wurden.

Die Folgen fehlenden Wissens und Verantwortungsbewußtseins der Touristen lassen sich durch Aufklärung, Besucherlenkung und Kontrolle nur teilweise kompensieren. Wenn dafür und für die Ausbildung und Ausstattung des Personals mehr Geld zur Verfügung stünde, könnten in vielen geschützten Gebieten die Schäden sicher weitaus geringer gehalten werden.

Nutzen für lokale Bevölkerung?

Es liegt oft an strukturellen Gegebenheiten, daß Tourismus mit seinen Devisen nicht die wirtschaftlichen Effekte für die lokale Bevölkerung hat, die er haben könnte. Zum einen geht der Tourismus oft an großen Teilen der lokalen Bevölkerung einfach vorbei. Weder die viehzüchtenden Masai in der Serengeti noch die aus dem vietnamesischen Cuc-Phuong-Nationalpark in die Pufferzone umgesiedelten Muong (vgl. Niekisch 1997) haben teil an den wirtschaftlichen Segnungen des Tourismus. Im Gegenteil wird ihnen (zugunsten des Tourismus) die Nutzung der natürlichen Ressourcen aus Naturschutzgründen beschnitten oder ganz verwehrt. Tourismus wird damit für sie zum Gegner.

In den meisten Schutzgebieten der Welt erleben lokale Bewohner den Tourismus besten(?)falls als Handlanger, Tellerwäscher oder Foto-Objekte.

Damit lokale Bewohner Tourismus selbst verwalten können und damit Zugang zu einem nennenswerten Anteil der mit dem Tourismus verbundenen Einnahmen zu haben, müssen Mindestvoraussetzungen erfüllt sein, wie z.B.

- internationale Verbindungen zu Reiseveranstaltern in Übersee,
- entsprechend ausgestattete Büros zur systematischen Kontaktpflege und Abwicklung,
- Fremdsprachenkenntnisse,
- Kenntnisse in Mangement und Buchhaltung,
- Kenntnisse der Erwartungen und Ansprüche der Touristen,
- Investitionsmittel zur Schaffung der erforderlichen Infrastruktur,
- Maßnahmen der Werbung.

Lokale Gruppen verfügen kaum bzw. nicht über diese Voraussetzungen. Damit stehen sie automatisch in der Abhängigkeit professioneller internationaler Veranstalter und sind so abgedrängt in die Randbereiche einer munter sprudelnden Einkommensquelle.

Innerhalb wie außerhalb von Schutzgebieten schließt Tourismus häufig den Besuch typischer lokaler Bewohner und die Besichtigung ihrer „Kultur" ein. Die Grenzen zwischen folkloristischer Show und authentischer Manifestation der Kultur in Form von Kleidung, Tänzen, Gebrauchsgegenständen/ Souvenirs sind fließend.

Einerseits leisten Touristen mit ihren Besuchen und Geschenken in Form von Geld, Kugelschreibern und T-Shirts einen teils erheblichen Beitrag zur Verwestlichung, und ihre Respektlosigkeit ist oft beschämend. Andererseits sind

Naturbeobachtungen und Wanderungen sind die wichtigsten Aktivitäten von Naturtouristen (Aufn.: Manfred Niekisch).

die meisten touristisch besuchten „Eingeborenen" ohnehin dem Druck westlicher Zivilisation ausgesetzt, so daß dem Tourismus allenfalls eine Teilschuld an der Verwestlichung beigemessen werden kann.

Gerade in den besonders attraktiven und stark frequentierten Nationalparks stört der Tourismus inzwischen sogar sich selbst. Der Unmut vieler Natur-Touristen, neben Löwen und Geparden ständig auch die Safaribusse der anderen Besucher im Sucher des Fotoapparates zu haben, sowie wachsende Freizeit und ständig besser werdende Verkehrsverbindungen verstärken die Suche nach immer entlegeneren, noch ungestörten Gebieten (siehe Süd-

Tanzania, Amazonien, Neuguinea). Dort wird dann die gleiche Tendenz der nicht angepaßten Nutzung eingeleitet, wie sie von den „traditionellen" Besuchszielen bekannt ist.

Regierungen fehlt oft das politische Interesse und Schutzgebietsbehörden fehlen fast immer die Mittel, um Schutzziele gegenüber dem touristischen Druck durchzusetzen. In den Schutzgebieten als den Herzstücken des Natur- und Kulturschutzes müssen daher das längerfristige Eigeninteresse und die wirtschaftliche Macht der Tourismusindustrie umorientiert und besonders aktiv eingesetzt werden, um die Schädigung der Gebiete und Kulturen zu verhindern. Die Betreiber des

Tourismus haben den finanziellen und politischen Einfluß, Veränderungen durchzusetzen.

Diese dringend erforderlichen Veränderungen müssen vor allem abzielen auf

- eine nationale Tourismuspolitik, die nicht auf Gewinnmaximierung zielt, sondern auf die langfristige Bewahrung der kulturellen und natürlichen Ressourcen,
- die Partizipation der lokalen Bevölkerung an der Planung und der Durchführung von touristischer Nutzung mit Stärkung der Eigenverantwortung, sowie gerechte Verteilung der Einnahmen;
- eine Unternehmenspolitik der Reiseveranstalter, die sich Beschränkungen unterwirft und soziale, kulturelle und ökologische Belastungsgrenzen akzeptiert,
- ein effizientes Management der Schutzgebiete,
- verantwortliches Verhalten der Reiseleiter und Touristen.

Literatur

AMEND, S. & T. AMEND (Hrsg.) (1995): National Parks without people? The South American Experience. – Quito: IUCN (Parques Nacionales y Conservación 5)

IUCN (1993): Parks for Life. Report of the IVth World Congress on National Parks and Protected Areas. – Gland.

IUCN (1994a): Guidelines for Protected Area Management Categories. – Gland & Cambridge: CNPPA, WCMC.

IUCN (1994b): 1993 United Nations List of National Parks and Protected Areas. – Gland & Cambridge: IUCN.

MACKINNON, J., K. MACKINNON, G. CHILD & J. THORSELL (1986): Managing Protected Areas in the Tropics. – IUCN, Gland & Cambridge.

NIEKISCH, M. (1997): Vietnam. - In: ELLENBERG; L., B. BEIER & M. SCHOLZ: Ökotourismus. Reisen zwischen Ökonomie und Ökologie. - Heidelberg, Berlin & Oxford. S. 153–160.

Dr. Manfred Niekisch
Oro Verde
Bodenstedtstraße 4, 60594 Frankfurt a.M.

Reisende und Bereiste: Soziale Verantwortung beim Tourismus in Entwicklungsländern

von Armin Vielhaber

Die Frage der sozialen Verantwortung beim Tourismus in Entwicklungsländern ist so alt, wie der Tourismus der Reichen in die Länder der Armen. Man kann sie nicht nur auf Reisende und Bereiste beziehen oder beschränken – man muß auch die Tourismusmacher mit einbeziehen.

In der zweiten Hälfte der 60er Jahre – als sich der Ferntourismus auch als Tourismus der großen Zahl zu etablieren begann – hatte man noch euphorisch auf seinen Entwicklungsbeitrag für die Zielländer der Dritten Welt verwiesen, und auf seine völkerverständigenden Wirkungen. Anfang der 70er Jahre setzte Ernüchterung ein: Negative Auswirkungen, insbesondere im sozialen Bereich der Empfängerländer waren nicht mehr zu übersehen und eine differenzierte Sichtweise und das Bekenntnis zur Mitverantwortung aller am Tourismusgeschehen Beteiligten wurde gefordert. Wegen der nicht problemlosen Auswirkungen des Tourismus erklärte die Bundesregierung 1978 die Tourismusförderung in Entwicklungsländern als nicht vorrangige Aufgabe ihrer Entwicklungspolitik.

Mit der Forderung nach differenzierter Sichtweise, nach Mitverantwortung hatte so manch einer lange Zeit seine Schwierigkeiten: Beispielsweise wurde der Film „Sonne der Hyänen" des tunesischen Filmemachers Ridha Behi, der Ende der 70er Jahre erstmals aus der Perspektive der sogenannten Bereisten in eindrucksvoller Weise den Prozeß und die Wirkungen touristischer Entwicklung am Beispiel eines nordafrikanischen Fischerdorfs verdeutlichte, mit einem offiziellen Dreh- und Aufführungsverbot belegt. Oder noch 1986 beschränkte der Sprecher eines Reiseunternehmens auf der Konferenz „Third World People and Tourism" die unternehmerische Mitverantwortung in Sachen Dritte-Welt-Tourismus auf die Erwirtschaftung von Profiten für die Aktionäre. Und wenige Jahre später erklärte ein touristischer Wirtschaftsverband in einer Presseerklärung, das Thema des Prostitutionstourismus sozusagen ex cathedra als „endgültig erledigt".

Wirkungen des Tourismus

Geholfen hat es wenig. Der erst staatlich verbotene Film wurde bald darauf als offizieller tunesischer Beitrag zu den Filmfestspielen in Karthago eingereicht. Das besagte Reiseunternehmen bekennt sich heute zur Mitverantwortung – trotz shareholder value. Und das Thema Prostitutionstourismus beschäftigt zunehmend und weltweit Parlamente und Regierungen. Organisationen wie IATA, UFFTA und WTO unterstützen internationale Kampagnen.

Das *Bundesminsterium für wirtschaftliche Zusammenarbeit und Entwicklung* (BMZ) hat in der ersten Hälfte der 90er Jahre eine anonyme Befragung bei Vertretern deutscher Reiseunternehmen zum Thema Dritte-Welt-Tourismus durchgeführt. Befragt nach dessen *positiven* Wirkungen

- sahen 2/3 der Reiseunternehmer solche Wirkungen im Bereich der Deviseneinnahmen, der Arbeitsplatzbeschaffung und der Chancen für interkulturelle Begegnung.
- 1/3 der Befragten sahen Verbesserungen der allgemeinen Lebensbedingungen der einheimischen Bevölkerung durch den Tourismus.
- 1/7 sahen positive Auswirkungen auf die natürliche Umwelt.

Gleichzeitig sahen fast alle befragten Reiseveranstalter auch *negative* Wirkungen des Tourismus auf die Entwicklungsländer – als Folge des Massentourismus.

- 4/5 verwiesen auf Veränderungen im sozio-kulturellen Bereich durch Zerstörung von familiären, sozialen Strukturen, Prostitution, Mißachtung von Traditionen, Sitten und Gebräuchen der Einheimischen, Entwicklung der Kultur zur kommerzialisierten Touristenattraktion, Ausnutzung der natürlichen Gastfreundschaft, Kulturschock, Bettelei, Verringerung des Selbstwertgefühls der Einheimischen.
- 2/3 sahen negative Wirkungen des Tourismus auf Natur und Umwelt
- ebenfalls 2/3 verwiesen auf negative wirtschaftliche Begleiterscheinungen

von Tourismusentwicklung wie Konzentration von Kapital, zunehmende Abhängigkeit der Zielländer von außen, Korruption, zu schnelles Tempo touristischen Wachstums.

Eine Befragung deutscher Fernreisender kam zu einem ähnlichen Ergebnis. Auch hier sahen die Befragten nicht nur positive Wirkungen des Tourismus (94%), sondern auch negative (75%) – vor allem im sozialen und kulturellen Bereich der Gastländer.

Was zeigen diese und andere Ergebnisse? Vor allem eines: der Tourismus in Entwicklungsländer wird – vor dem Hintergrund seiner für viele sichtbaren und erfahrbaren Auswirkungen – in zunehmendem Maße differenzierter betrachtet als in früheren Zeiten. Damit sind die Probleme freilich nicht geringer geworden.

Expertenbefragung

1996 wurde in Deutschland, Österreich und der Schweiz eine Delphi-Befragung durchgeführt zu Fragen der Entwicklung der Fernreisen bis zum Jahr 2005. Die 150 Expertinnen und Experten aus den Bereichen Tourismusbranche, Politik, Medien, Forschung und Beratung, Entwicklungshilfe und Umweltschutz gelangten im Durchschnitt u.a. zu folgender Einschätzung:

Im Zusammenhang mit Tourismusentwicklung werden in den nahen und fernen Zielländern der Dritten Welt die Probleme bis zum Jahr 2005 deutlich zunehmen. Genannt werden Wasserknappheit, Landschaftsverbauung, Müll- und Abwasserentsorgung, Energieknappheit, Beeinträchtigung von Flora und Fauna, Kriminalität gegenüber Touristen, Belastungen durch hohe

Besucherzahlen. Gleichzeitig wird mit einer leicht rückläufigen Akzeptanz von Tourismus und Touristen durch die Einheimischen vor Ort gerechnet. Umweltverträglichen und sozialverantwortlichen Fernreiseangeboten – darunter auch dem Ökotourismus – wird eine nur leichte Zunahme vorausgesagt, ebenso dem umweltverträglichen und sozialverantwortlichen Reiseverhalten der Urlauber. Die leichte Zunahme wird zwar begrüßt, wird jedoch mehrheitlich als zu gering angesehen. Gleichzeitig rechnet man mit einer Zunahme von Billigreiseangeboten und der Nutzung von *Last Minute Reisen* sowie mit einer leichten Abnahme der Reisedauer bei Fernreisen. Auch diese Entwicklungen werden mehrheitlich nicht als wünschenswert angesehen.

Zu den fünf wichtigsten von insgesamt 19 angesprochenen zentralen Problemen im Bereich des Fernreisens, die bis zum Jahr 2005 unbedingt gelöst werden sollten, zählen aus Sicht der Expertinnen und Experten:

- Sextourismus
- Kinderprostitution
- Gefährdung der persönlichen Sicherheit in den Zielgebieten
- ökologische Schäden
- Mangel an sozialverträglicher Tourismusentwicklung.

Zunahme von Fernreisen

Die Grenzen des Wachstums von Fernreisen werden – wenn überhaupt – erst weit nach dem Jahre 2005 erreicht. Für Deutschland wird zwischen 1995 und 2005 im Durchschnitt eine Zunahme der Fernreisen um beinahe 50 Prozent prognostiziert, was einer jährlichen Wachstumsrate von ungefähr 4% entspricht. Die Anzahl der Fernreisen würde damit von 7,4 Mio. auf rund 11 Mio. steigen. Das Interesse an Fernreisen könnte aus Sicht der Experten am ehesten von Konjunkturschwächen und Einkommenseinbußen im eigenen Land sowie von Krisen, Konflikten, Krankheiten und Seuchen in den Zielgebieten beeinträchtigt werden. Von den Auswirkungen des Ozonlochs oder von Klimaveränderungen werden dagegen nur geringe Beeinträchtigungen auf das Fernreiseinteresse erwartet.

Die Studie macht noch einen inneren Widerspruch deutlich: Auf der einen Seite wird aus ökologischen Gründen die Notwendigkeit einer Vermeidung unnötiger Fernreisen durchaus eingesehen – andererseits werden die Menschen durch attraktive Preise immer mehr zu Fernreisen verführt.

In diesem Zusammenhang mag ein Blick auf die Hauptursachen problematischer Tourismusentwicklung hilfreich sein. Zu ihnen zählen u.a.:

1. Die quantitativen Dimensionen des modernen Massentourismus (Mengenproblem). Man hat sich auf der ganzen Welt zu wenig Gedanken darüber gemacht, wieviele Touristen ein Land, eine Region, eine Kultur und die natürliche Umwelt im Einzelfall vertragen kann, ohne daß die bestehende Substanz, die Identität ernstlich gefährdet wird.

2. Eine Einstellung, die das Reisen als selbstverständliches Verbrauchsgut für eine möglichst unbeschränkte Zahl von Menschen ansieht.

3. Die bisher zu einseitig auf den ökonomischen Nutzen, auf die Profitmaximierung gerichteten Aktivitäten des internationalen Wirtschaftszweigs Tourismus – bei gleichzeiti-

ger Vernachlässigung sozialer, kultureller und ökologischer Aspekte.
4. Die weitgehend unzureichenden Partizipationsmöglichkeiten jener Bevölkerungsteile, die von touristischer Entwicklung betroffen sind. Dies gilt insbesondere für die Grundfrage, ob und wenn ja in welcher Form mit welchem Nutzen für wen, touristische Entwicklung stattfinden soll, mit welchen Vor- und Nachteilen zu rechnen ist.
5. Das mangelnde Wissen auf seiten der Touristen über die Alltagsrealitäten in den Zielländern, über Ursachen, Formen und Auswirkungen wirtschaftlicher Unterentwicklung und anderer kultureller Normen. Vor allem aber mangelndes Wissen über die sich daraus ergebenden Notwendigkeiten für das eigene Reiseverhalten.
6. Ein Defizit bei den politischen und wirtschaftlichen Entscheidungsträgern der touristischen Entsende- und Empfängerstaaten, das bisher vorhandene Wissen koordiniert und konsequent umzusetzen: in eine Tourismusplanung, Produktentwicklung und Angebotsgestaltung, die sich an globalen und lokalen Kriterien sozialer, kultureller und ökologischer Verträglichkeit orientieren.
7. Die Neigung, die Verantwortung für touristische Fehlentwicklungen und notwendige Verbesserungsmaßnahmen hin- und herzuschieben.

Handlungsvorschläge

Aus diesen Zusammenhängen wären eine Reihe von Forderungen und Vorschlägen abzuleiten. Ich beschränke mich auf einige wenige - und dies in der gebotenen Kürze (sie sind detailliert dokumentiert in den von uns verfaßten Materialien Nr. 88 „Tourismus in Entwicklungsländer" des Bundesministeriums für wirtschaftliche Zusammenarbeit und Entwicklung 1993):

1. Das verantwortliche Denken und Handeln bei allen Beteiligten muß gefördert werden

Tourismus ist mehr als eine ökonomische Transaktion. Tourismus tangiert viele Bereiche des gesellschaftlichen Lebens. Es gilt, einen Zielkonflikt zu lösen: zwischen maximalem, industriell bestimmten Wachstum auf der einen Seite und einem optimalen Wachstum, das von sozialer, kultureller und ökologischer Rücksichtnahme geprägt ist.

Wer touristische Angebote verkauft und kauft, die direkt oder indirekt dazu beitragen, wertvolle globale oder lokale Ressourcen, kulturelle und soziale Werte zu verbrauchen und zu schädigen, muß sich zur Mitverantwortung bekennen. Unternehmen müssen deutlich machen, was sie konkret zur Schadensbegrenzung tun und was sie ggf. von ihren Kunden/ihren Touristen erwarten.

Das Reisen muß - nicht nur von Politik und Touristikunternehmen sondern auch von den Reisenden - bewußtseinsmäßig als wertvolles und erhaltenswertes Gut verstanden werden, das durch unkontrolliertes Wachstum zunehmend gefährdet ist. Reisen darf kein Konsumgut sein im Sinne von gedankenlosem Verbrauch.

2. Die Qualität touristischer Entwicklung und touristischer Angebotsformen müssen verbessert werden

Touristische Entwicklung in Entwick-

Ethnotourismus kann zur kulturellen Identifikation der lokalen Bevölkerung beitragen, birgt jedoch auch die Gefahr, daß sie zu Objekten verkommt (Aufn.: Andreas W. König).

lungsländern muß in erster Linie zum wirtschaftlichen Nutzen breiter, wirtschaftlich benachteiligter Bevölkerungsteile erfolgen.

Sozial- und umweltverträgliche Tourismuskonzepte und Reiseformen müssen entwickelt und auf den Weg gebracht werden. Das dazu vorhandene Wissen muß konsequent angewendet werden. Mit Modellprojekten muß nachgewiesen werden, daß man durchaus in der Lage ist, positive Effekte des Tourismus zu verstärken und negative zu minimieren.

Verbesserungsmaßnahmen sind leichter durchzusetzen, wenn sie auch von wesentlichen Teilen der Touristen akzeptiert und durch entsprechendes Reiseentscheidungsverhalten mitgetragen werden.

In der Bundesrepublik als einem der größten europäischen Entsendemärkte für Reisen in Entwicklungsländer gibt es z.B. dafür gute Voraussetzungen. Sie werden bisher nur unzureichend genutzt.

3. Umfassende Beteiligung der Bevölkerung in den Empfängerländern an touristischer Entwicklung

Seit einiger Zeit beginnen Einheimische in Zielgebieten den Touristen vorzurechnen, wieviel Wasser und Elektrizität ihr Luxushotel pro Tag verbraucht; daß in Orten, in denen viele große Hotels stehen, Wasser und Elektrizität für die einheimische Bevölkerung rationiert wird, daß man den reichen Lebensstil der Touristen als eine Verhöhnung der einfachen Menschen empfindet und nicht schätzt.

Tourismusverantwortliche neigen zum Teil immer noch dazu, solche Stimmen als Widerstand von einigen wenigen irregeleiteten Außenseitern abzutun. Sie sollten realisieren, daß Tourismus mittel- und langfristig nur dann für die Entwicklung ihres Landes sinnvoll und von ökonomischem Nutzen ist, wenn er von der Bevölkerung akzeptiert und aktiv mitgetragen wird. Immer wieder vorgetragene Hinweise auf die Gastfreundlichkeit der einheimischen Bevölkerung gegenüber Touristen und freundlich lächelnde Einheimische in Reisekatalogen und Werbeprospekten sind nicht genug. Einheimische müssen in Zukunft verstärkt Möglichkeiten bekommen, an touristischer Entwicklung aktiv und entscheidungsmäßig zu partizipieren. Einheimische sind – wenn Sie so wollen – ein ganz wesentlicher Bestandteil des touristischen Produkts.

4. Neuorientierung der Entwicklungszusammenarbeit im Bereich des Tourismus

Vor dem Hintergrund erheblich angestiegener und weiter steigender Touristenzahlen in Entwicklungsländern und vor dem Hintergrund sich wahrscheinlich verschärfender Probleme sollte die Entwicklungshilfe im Bereich des Tourismus neu überdacht werden.

Tourismus kann und darf auch in Zukunft kein Schwerpunkt der Entwicklungshilfe sein (denn es gibt sicher noch wichtigere Probleme zu lösen, z.B. die Bekämpfung der absoluten Armut). Sein Stellenwert sollte jedoch behutsam angehoben werden, ohne daß damit eine quantitative Ausweitung aktiv unterstützt wird. Hilfreich wäre hier z.B. eine gezielte Unterstützung der Entwicklung und Erprobung von sozial- und umweltverträglichen, partizipatorischen Tourismusmodellen. Modellen, die sich unter marktwirtschaftlichen

Bedingungen bewähren und geeignet sind, auf breiter Basis akzeptiert zu werden.

5. Die Touristeninformation in den Entsendeländern muß verstärkt werden

Touristen, die in Entwicklungsländer reisen, benötigen qualifizierte Orientierungshilfen in bezug auf ihre Reiseentscheidung und ihr Reiseverhalten. Das Wecken von Neugier für den Blick hinter die touristische Kulisse der Empfängerländer muß weiterhin ein wichtiges Ziel bleiben. Ebenso das Reflektieren und möglicherweise Infragestellen des eigenen Reiseverhaltens, etwa bei zu kurzen Reisezeiten und überzogenen Serviceansprüchen.

Wenn es unter den aktuellen und potentiellen Fernreisenden ein Ansprechpotential für umweltverträgliches oder sozialverantwortliches Reisen gibt – und das ist längst nachgewiesen – dann muß dieses Segment aktiv ermutigt werden, seine Wünsche im Rahmen der Reiseplanung und Kaufentscheidung zu artikulieren. Das müßte dann eigentlich alle touristischen Anbieter freuen, die sagen: Wir würden ja gern mehr tun, wenn unsere Kunden es nur wollten.

6. Ausweitung und Anwendung der Forschung zum Thema „Tourismus in Entwicklungsländer"

Tourismusforschung ist nach wie vor eher auf die Ermittlung steigender oder sinkender Touristenankünfte und Reiseintensitäten, auf Deviseneinnahmen oder auf die Bekanntheitsgrade von Reisezielen fixiert. Sie muß stärker als bisher ergänzt werden durch den Blick auf bereits stattfindende und zu erwartende qualitative Veränderungen und durch das Verfügbarmachen praktikabler Methoden zur Förderung nachhaltiger Tourismusentwicklung.

7. Verstärkung des Dialogs und der Zusammenarbeit

Gefährdungen des touristischen Systems deuten sich auf lokaler und globaler Ebene an. Der internationale Tourismus besteht aus einer Vielzahl von Akteuren: Regierungen, Reiseveranstaltern, Hotellerie, Gastronomie, Transportunternehmen, Reisebüros, Reiseagenturen. Hinzu kommen die Touristen und die Einheimischen. Für erfolgreiche Verbesserungsmaßnahmen bedarf es einer Verstärkung des Dialogs und der Zusammenarbeit zwischen allen Beteiligten. Hierbei wird es um Interessenkonflikte gehen, die einen Ausgleich erforderlich machen. Ausgleich setzt Transparenz über unterschiedliche Interessen voraus, und den Willen einen Ausgleich herbeizuführen.

Der *Studienkreis für Tourismus und Entwicklung* bemüht sich im Sinne seiner Satzungsziele und im Rahmen seiner Möglichkeiten auf unterschiedliche Weise in den eben genannten Bereichen Verbesserungen zu unterstützen und voranzubringen. Dazu einige wenige ausgewählte Beispiele:

- Seit drei Jahren versuchen wir den Partizipationsgedanken, die Berücksichtigung unterschiedlicher Interessen der ortsansässigen Bevölkerung bei Planung und Durchführung von Tourismusprojekten, aktiv zu fördern mit einem jährlich ausgeschriebenen internationalen Wettbewerb, dem „TO DO!".

- Wir versuchen mit Forschungs- und Beratungsprojekten Entscheidungsträgern in touristischen Empfänger- und Entsendeländern – aber auch der Öffentlichkeit – Daten und Kriterien an die Hand zu geben, die eine nachhaltige Tourismusentwicklung unterstützen können. Noch 1997 wird z.B. eine Studie vorgelegt werden über die aktuelle Ansprechbarkeit der Deutschen in bezug auf Umweltaspekte im Zusammenhang mit ihrer Reiseentscheidung.

- Wir versuchen seit Jahren mit unseren entwicklungsbezogenen und interkulturellen Trainingsseminaren für Dritte-Welt-Reiseleiter und durch die Herausgabe der Reihe *Sympathie-Magazine* direkt und indirekt Einfluß zu nehmen auf ein verantwortungsbewußtes Reiseverhalten.

Der eingangs erwähnte tunesische Filmemacher *Ridha Behi* war der Meinung: „Es muß einen Weg geben" – um negative Wirkungen von Tourismus zu minimieren und positive Wirkungen zu stärken. Ich denke, zur Lösung der inzwischen allseits bekannten Probleme gibt es keinen Königsweg. Alle Beteiligten sind gefordert, auf ihre Weise und mit ihren Möglichkeiten und Mitteln mit kleinen und größeren Schritten sinnvolle Beiträge zu leisten. Solidarische und verständnisvolle gegenseitige Unterstützung ist hier angesagt – gegenseitiges Zuhören und der Versuch, den anderen zu verstehen – aber auch der kritische Blick auf alle immer noch vorhandenen Versuche, die Probleme zu verniedlichen und zu suggerieren, letztlich sei alles technisch machbar und nur eine Frage der Zeit.

Armin Vielhaber

Studienkreis für Tourismus und Entwicklung
Kapellenweg 3
82541 Ammerland / Starnberger See

Tourismusförderung in Vorhaben der deutschen Entwicklungszusammenarbeit

Beispiele aus der Projektarbeit der GTZ und anderer Durchführungsorganisationen

von Max Kasparek

Die Bundesregierung betrachtet die Tourismusförderung in Entwicklungsländern nicht als vorrangige Aufgabe ihrer Entwicklungspolitik. Trotz des daraus resultierenden weitgehenden Fehlens von Tourismusprojekten im eigentlichen Sinne im Rahmen der Entwicklungszusammenarbeit sind Maßnahmen der Tourismusförderung dennoch in einer Reihe von Vorhaben vorhanden: so finden sich Tourismuskomponenten in Projekten der städtischen und ländlichen Entwicklung, der Absicherung von Schutzgebieten in Form von Ökotourismus, bei der beruflichen Bildung und bei der Messeförderung. Die Tourismus-Aktivitäten im Rahmen der Technischen Zusammenarbeit beispielhaft darzustellen ist Aufgabe dieses Artikels.

Tourismus als Bestandteil einer Regionalentwicklung

Tourismusförderung in den Palästinensischen Gebieten. Ziel dieser Maßnahme, die 1997 begann, ist es, dazu beizutragen, daß der Tourismus in den Autonomen Palästinensischen Gebieten internationales Niveau erreicht. Kleine und mittlere touristische Unternehmen werden beraten, wie sie ihr Angebot für ausländische Besucher attraktiv gestalten können und wie sie es international vermarkten können. Besonders gefördert werden Partnerschaften zwischen Privatunternehmen und öffentlichen Institutionen. In diesem Bereich wird die Rehabilitierung von touristisch interessanten Stätten in Bethlehem und Jericho unterstützt.

Förderung der nachhaltigen Entwicklung durch Tourismus in Zentralamerika. Die Staaten Mittelamerikas haben die Erfahrung gemacht, daß die Verhältnisse im Nachbarland die Tourismusentwicklung im eigenen Land weit entscheidender beeinflussen, als die Bedeutung und Anziehungskraft einzelner Natur- oder Kulturattraktionen. Das Projekt hat daher die Förderung der grenzüberschreitenden Zusammenarbeit im Bereich der Fremdenverkehrswirtschaft zum Ziel, insbesondere die Entwicklung eines gemeinsames touristisches Image (Corporate Image) der Destination Zentralamerika. Darüber hinaus werden im Rahmen des Vorhabens bereits existierende Aus- und Fortbildungangebote verbessert, die Kooperation zwischen den Behörden und den verschiedenen Tourismusinstituten der einzelnen Länder gefördert und gemeinsame Promotion- und Marketingstrategien entwickelt. Das Projekt fördert damit die vom Projektträger, der SITCA (Secretaría de Integración Turístico Centroamericana), angestrebte Qualifizierung des Tourismus im Sinne einer nachhaltigen Entwicklung.

Ökotourismus als Komponente von Naturschutzprojekten

Die GTZ unterstützt im Auftrag des *Bundesministeriums für wirtschaftliche Zusammenarbeit und Entwicklung* (BMZ) eine Reihe von Partnerländern bei der Einrichtung und Absicherung von Nationalparks und anderen Schutzgebieten. Gerade in Randzonen von Schutzgebieten spielt die Entwicklung alternativer Einkommensquellen für die dort lebende Bevölkerung eine wichtige Rolle, da damit der Nutzungsdruck auf die Schutzgebiete verringert werden soll.

Naturschutz Bayanga. Die Zentralafrikanische Republik (ZAR) hat – auf Initiative des *World Wide Fund for Nature* (WWF) und in enger Zusammenarbeit mit der Weltbank, dem BMZ und der GTZ – im tropischen Regenwald der ZAR den Nationalpark Dzanga-Sangha eingerichtet. Das Gebiet ist außergewöhnlich vielfältig und beherbergt u.a. auch eine Vielzahl attraktiver großer Säugetiere, darunter Wald-Elefanten, Gorillas und Schimpansen. Da damit eine wichtige Voraussetzung für eine „ökotouristische" Erschließung des Nationalparks für die Schaffung von Einkommensquellen für die lokale Bevölkerung gegeben war, wurde mit Hilfe der GTZ eine touristische Infrastruktur mit Besucher-Informationszentrum, Wegen, Aussichtsplattform, Ausflugsboot etc. geschaffen. Kleine Gruppen von Touristen werden so behutsam an die Attraktionen des Regenwaldes herangeführt und die Naturschutzverwaltung wird durch den Tourismus unterstützt. Im Rahmen des Projektes wurde der Besuch einer Gruppe von deutschen Spezialreiseveranstaltern gefördert, die nachfolgend den Nationalpark in ihr Programm aufnahmen.

Integrierter Naturschutz Kamerun-Berg. Im Rahmen dieses von der GTZ unterstützten Projektes, das 1992 begann und dessen Fortführung bis zum Jahre 2001 geplant ist, wird u.a. eine Machbarkeitsstudie für die Tourismus-Entwicklung am Kamerun-Berg erstellt. Eine Entwicklungshelferin des *Deutschen Entwicklungsdienstes* (DED) fördert die Etablierung von Organisationsstrukturen und die Sensibilisierung der Bevölkerung für ressourcenschonende Nutzung, wobei die Tourismusplanung einen Teil dieser Aktivitäten darstellt.

Tourismuskomponenten haben auch zwei weitere von der GTZ durchgeführte Projekte in Kamerun, nämlich
- Förderung des Korup-Nationalparks
- Forstprojekt im Südosten

Waldbewirtschaftung und Naturschutz Côte d'Ivoire. Im Rahmen dieses Sektorprogramms wird dem Tou-

Naturtourismus kann durch die Schaffung alternativer Einkommensquellen helfen, den Nutzungsdruck auf Schutzgebiete und ihre Randzonen zu vermindern (Aufn.: Manfred Niekisch).

rismus bei der Entwicklung alternativer Einkommensquellen für die lokale Bevölkerung eine wichtige Position eingeräumt. Nachdem im Rahmen des Projektes für einige Schutzgebiete, darunter den Taï- und Comoé-Nationalpark, zunächst eine Machbarkeitsstudie für eine behutsame touristische Erschließung durchgeführt wurde, werden nun z.B. lokale Touristen-Guides ausgebildet.

Wildbewirtschaftung im Selous-Reservat in Tanzania. Im Zuge der kommunalen Wildbewirtschaftung im Selous-Reservat wird der internationale Jagdtourismus als signifikante Einnahmequelle einbezogen. Aus der Vergabe internationaler Jagdlizenzen können Einnahmen erzielt werden, die auf kommunaler Ebene direkt und indirekt zur Naturschutzarbeit eingesetzt werden. Zusätzlich werden Aspekte der Förderung des Fototourismus (Fotosafaris) in die Arbeit des Projektes aufgenommen.

Umweltinformationszentrum auf der Insel Chumbe bei Sansibar. Die Chumbe-Insel ist eine fast unberührte und unbewohnte Koralleninsel von nur ¼ Quadratkilometern Fläche, 6 km vor

Sansibar. Es handelt sich um eine der letzten gut erhaltenen Koralleninseln in Tansania. Ein unter britischer Verwaltung im Jahre 1904 errichteter Leuchtturm konnte durch Unterstützung der GTZ in ein Umwelt-Informationszentrum umgebaut werden. Bei der baulichen Umsetzung wurden Grundsätze der ökologischen Bauweise berücksichtigt. Das Zentrum dient jetzt Besuchern der Durchführung von Informations- und Bildungsprogrammen. Darüberhinaus wurden im Inselurwald Naturlehrpfade angelegt und Informationsmaterialien produziert.

Darüberhinaus wird aus Mitteln des *Tropenökologischen Begleitprogramms* ein Umweltbildungsprogramm für Chumbe Island gefördert, wozu z.B. die Ausbildung von Dorfbewohnern zu Rangern, das Anlegen von Vogelbeobachtungsposten und die Produktion von Informations- und Lehrmaterialien gehören.

Beratung des *Department for National Parks and Wildlife* von Malawi. Zur Verbesserung der Deviseneinnahmen wird von der malawischen Regierung die „Sicherung und der Ausbau der Einnahmen durch Tourismus" angestrebt. Im Rahmen des Projektes wird die Regierung beraten, wie Schutzgebiete zu managen sind, so daß sie u.a. durch Einnahmen aus dem Tourismus wirtschaftliche abgesichert werden.

„People and Parks" – das *Transform*-Projekt in Südafrika. Naturtourismus ist in den meisten Schutzgebieten, die das Projekt behandelt, erst sehr dürftig entwickelt. Durch Beteiligung der lokalen Bevölkerung an der Nutzungsplanung, und damit auch an der Tourismusplanung, sollen Weichen gestellt werden, um einen Interessensausgleich für das Management der Schutzgebiete zu erreichen.

Uganda: Tourismusförderung durch Nationalpark-Einrichtung. Der Murchinson Falls-Nationalpark war einst nicht nur Ugandas größtes Schutzgebiet, sondern durch die Viktoria-Fälle sowie große Wildbestände die wichtigste Touristenattraktion des Landes. Die Tourismus-Einnahmen hatten erheblichen Anteil am Devisenaufkommen Ugandas. Während des Bürgerkrieges in den 70er und 80er Jahren wurde der Park jedoch ganz erheblich in Mitleidenschaft gezogen: die Infrastruktur wurde weitgehend zerstört und die Wildbestände erheblich reduziert.

Im Rahmen der deutschen Entwicklungszusammenarbeit werden nun Anstrengungen unternommen, den Park wieder zu einem ökologisch und ökonomisch funktionsfähigen Schutzgebiet zu rehabilitieren. Es geht vor allem darum, eine effektive Parkverwaltung aufzubauen, die Infrastruktur wiederherzustellen, die Grenzen des Parks zu markieren, sowie darum, Ranger, die über Wilderei wachen, auszubilden und auszurüsten, so daß der Park wieder zu einer Touristenattraktion wird. Neben den über die GTZ bereitgestellten Beratungs-, Fortbildungs- und Finanzleistungen werden im Rahmen der Finanziellen Zusammenarbeit über die *Kreditanstalt für Wiederaufbau* (KfW) Finanzmittel bereitgestellt. Darüber hinaus sind zwei Entwicklungshelfer des *Deutschen Entwicklungsdienstes* (DED), eine Landschaftsplanerin und ein Geograph, am Wiederaufbau des Parks beteiligt.

Am Strand von Dalyan an der türkischen Mittelmeerküste, wo die GTZ ein Naturschutzprojekt unterstützt, ist es verboten, in der Zone, in der Meeresschildkröten ihre Eier ablegen, sonnenzubaden oder Sonnenschirme und Liegestühle zu verwenden. Diese Art der Besucherlenkung findet bei den Touristen breite Akzeptanz (Aufn.: Max Kasparek).

Schutz des Kahuzi-Biega-Nationalparks in der Republik Kongo (Zaire). Ein Vorkommen der seltenen Berggorillas macht den Nationalpark zur touristischen Attraktion. Das Projekt unterstützt die Unterhaltung der touristischen Infrastruktur, die Einrichtung eines Infozentrums und die Diversifizierung des touristischen Angebots. Aufgrund der politischen Situation ist der Tourismus allerdings momentan nahezu vollständig zum Erliegen gekommen.

Forstwirtschaftsprogramm (PROFORS) und Cuyabeno in Ecuador. Im Projektgebiet gibt es bereits klassischen Naturtourismus mit Bootsfahrten, Tierbeobachtungen, botanischen Exkursionen, Foto-Safaris usw. Das Projekt fördert die Partizipation der indigenen Bevölkerung, um sie an den Vorteilen des Tourismus stärker teilhaben zu lassen.

Sicherung des Schutzgebietes „Isla de los Estados" in Feuerland. Das in Argentinien gelegene, in floristischer und faunistischer Hinsicht einzigartige Gebiet ist zwar auf dem Papier als Provinz-Schutzgebiet ausgewiesen, doch fehlen Durchführungsbestimmungen. Im Rahmen der Expertise, die aus dem Studien- und Fachkräftefonds gefördert wird, und die 1998 durchgeführt wird, soll ein Konzept zur nachhaltigen Nutzung der Inselgruppe erarbeitet werden, wobei dem Ökotourismus ein hoher Stellenwert eingeräumt wird.

Besuchersteuerung in Schutzgebieten der Türkei. 1989 richtete die türkische Regierung am Mittelmeer in der Bucht von Dalyan, in der ein Niststrand von Meeresschildkröten liegt, ein Sonderschutzgebiet ein. Der Schutzgebietsausweisung waren heftige Proteste vorausgegangen, da dort ein Hotelkomplex errichtet werden sollte. Um den Aufbau der neu geschaffenen, für Einrichtung und Verwaltung von Sonderschutzgebieten zuständigen Behörde zu unterstützen, stellte die deutsche Bundesregierung im Rahmen der deutsch-türkischen Entwicklungszusammenarbeit Mittel in Höhe von 6 Mio. DM für Beratungsleistungen und Sachmittellieferungen zur Verfügung. Im Rahmen des Projektes „Natur- und Umweltschutz" werden im Gebiet der Bucht von Dalyan Programme zum Umweltmonitoring durchgeführt und Maßnahmen der Besucherinformation und -lenkung gefördert. Es wird versucht, auf dem Strand von Dalyan durch Beschränkung des Tourismus auf Tagesbesucher sowie deren Konzentration auf zwei Stellen einen Nutzungsausgleich zwischen dem Schildkrötenschutz und der Fremdenverkehrswirtschaft herbeizuführen.

Baikalsee: Tourismus als Element der Raumplanung. Der Baikalsee im Süden Sibiriens war schon immer als Urlaubsziel beliebt und in wachsender Zahl kommen Gäste aus dem Ausland, die hier Weite, Abgeschiedenheit und Ursprünglichkeit suchen. Bisher erfolgte der Tourismus – ebenso wie Industrieansiedlung, Holzeinschlag, die Planung von Infrastruktur usw. – in der teilweise zum Nationalpark erklärten Baikallandschaft weitgehend ohne raumordnerische Grundlage und ohne Vorsorgemaßnahmen für den Natur- und Umweltschutz. Im Rahmen des von der GTZ und dem *Institut für Geographie*, Irkutsk, durchgeführten Projektes „Ökologisch orientierte Landnutzungsplanung in der Baikal-Region" wird ein Landschaftsrahmenplan erstellt. Daten zu den schutzbedürftigen Naturgütern (Boden, Wasser, Tiere und Pflanzen) werden der derzeitigen Nutzung gegenübergestellt und im Hinblick auf eine nachhaltige Entwicklung der Region ausgewertet. Durch den Prozeß der Bürgerbeteiligung sollen die Bewohner der Region die Planung und Entwicklung aktiv mitgestalten.

Als eigenständige Maßnahme unterstützt die GTZ zusätzlich zu diesem Projekt die Planung und den Aufbau eines „Ökocampingplatzes" am Baikalsee. Er soll Modell für die landschaftsgerechte Planung von Campingplätzen und gleichzeitig Einkommensquelle für ortsansässige Bevölkerung sein.

Studien zum Ökotourismus

Ökotourismus als alternative Einkommensquelle im Regenwald Malaysias. Die Erschließung des Regenwaldes für den Ökotourismus soll dazu beitragen, für die lokale Bevölkerung Einkommen zu schaffen, die ökonomisch langfristig attraktiver sind als jene Erträge, die die Umwandlung des Waldes in landwirtschaftliche Flächen bringt. Im Rahmen des *Tropenökologischen Begleitprogramms* (TÖB) der

GTZ wurden in Malaysia zwei Nationalparks untersucht: im touristisch bereits erschlossenen Taman-Negara-Nationalpark werden durch den Tourismus zwar bereits beträchtliche Umsätze erzielt, sie fließen jedoch zu 90% aus dem Parkgebiet ab. Mit dem Tourismus einhergehende steigende Lebenshaltungskosten und Umweltschäden an stark frequentierten Standorten stellen für die lokale Bevölkerung Negativfaktoren dar. Auf diesen Erfahrungen aufbauend wurden für den erst 1993 eingerichteten Endau-Rompin-Nationalpark Handlungsempfehlungen für die Planung und Umsetzung des Ökotourismus abgeleitet. So wird eine stärkere Beteiligung der Bevölkerung bei der Planung und Umsetzung touristischer Maßnahmen, die Anerkennung traditioneller Nutzungsrechte, und die Einbindung in ein Konzept der ländlichen Regionalentwicklung gefordert.

Weitere Studien zum Ökotourismus, die aus Mitteln des TÖB gefördert wurden, sind:

- Ökotourismus als Instrument des Natur- und Ressourcenschutzes auf der *Península de Paria* (Venezuela).
- Ökotourismus als Instrument des Naturschutzes und als nachhaltige Entwicklungsstrategie in Quintana Roo, Mexiko.
- Tourismus in tropischen Wäldern außerhalb von Schutzgebieten – eine mögliche und sinnvolle Form der kommunalen Waldnutzung in Mexiko?
- Innovative Möglichkeiten der Finanzierung und Absicherung von Schutzgebieten durch Naturtourismus. Die Notwendigkeit der Professionalisierung von Naturschutz- und Entwicklungsorganisationen anhand von Beispielen aus Mexiko und Belize.
- Ökotourismus: Chancen und Gefahren für den Ressourcenschutz in Mittelamerika.
- Wildtiere und Regenwald-Tourismus in Ecuador. Koexistenz durch Forschung und Management. Entwicklung eines Monitoringverfahrens für den Ökotourismus in der *Reserva de Producción Faunística Cuyabeno*.
- Reaktion von Primaten auf anthropogene Störungen als Beitrag zur Erstellung eines Managementplans zum Schutz des Taï-Nationalparks, Elfenbeinküste.
- Nachhaltige Entwicklung durch „community-based tourism"? Potentiale und Probleme touristischer Kleinstprojekte am Beispiel der Kunene-Region in Namibia.

Ökotourismus als Instrument des Erhalts der Biodiversität

Die nachhaltige Nutzung von Teilen der Biodiversität ist zentrales Anliegen der Biodiversitätskonvention. Sie fordert ihre Mitgliedsstaaten auf, ökonomische Anreize für den Erhalt der Natur zu schaffen. Im Rahmen des Projektes „Umsetzung der Biodiversitätskonvention" werden daher Maßnahmen des Ökotourismus, die die Inwertsetzung von Natur zum Ziel haben, gefördert.

Eine der geförderten Einzelmaßnahmen betrifft die Bucht von Paracas an der peruanischen Pazifikküste, wo bereits 1975 ein Nationalpark eingerichtet wurde. Durch seine reiche Tierwelt, seine landschaftliche Schönheit und den vorgelagerten Guano-Inseln zieht er jährlich über 100.000 Besucher an. 90%

davon sind Peruaner, und davon 30% Schüler und Studenten, die ganz besonders Information über die ökologische Bedeutung des Schutzgebietes benötigen. Im Rahmen des von der GTZ durchgeführten Projektes „Umsetzung der Biodiversitätskonvention" wird u.a. die Einrichtung eines Ausstellungszentrums mit Auditorium unterstützt, der Entwurf eines Umwelterziehungsprogramms, die Ausbildung von Touristenführern und die Herstellung von Informationsmaterialien. Diese Maßnahmen reihen sich ein in andere Unterstützungsmaßnahmen, die eine nachhaltige Nutzung des Küstenschutzgebietes zum Ziel haben.

Weitere Beispiele für Vorhaben im Rahmen des Projektes „Umsetzung der Biodiversitätskonvention" mit einer ökotouristischen Komponente sind:

- Albanien: Stärkung der personellen und materiellen Kapazitäten zum Schutz des Gebietes der großen grenzüberschreitenden Seen Ohrid, Prespa und Kleiner Prespa.
- Brasilien: Errichtung des Naturreservates *Arquipélago de Ilha Grande* am oberen Paraná.
- Mongolei: Schutz und Management der Schutzgebiete in den Steppenlandschaften der östlichen Mongolei.

Entwicklungshelfer des DED unterstützen Ökotourismus-Projekte

Für den *Deutsche Entwicklungsdienst* (DED) sind die Sicherung, Rehabilitierung und nachhaltige Nutzung der natürlichen Ressourcen ein zentrales Anliegen, und die Entwicklung des Ökotourismus als ressourcenschonende Nutzungsform wird als Mittel dazu angesehen. Fachkäfte des DED werden z.B. im Murchison-Falls-Nationalpark in Uganda oder am Kamerun-Berg in Westafrika (s.o.) eingesetzt. Weitere Entwicklungshelfer sind in Lateinamerika tätig:

- Zusammen mit dem chilenischen Verband *Asociación Chilena de Municipalidades* (AChM) unterstützt ein Tourismusexperte des DED den Kommunalverband in Llanquihue bei der Entwicklung umweltverträglicher und nachhaltiger Tourismuskonzepte. Der Fachmann berät eine Vielzahl von lokalen Akteuren bei der Planung und Durchführung von Projekten des Ökotourismus, die zur regionalen Entwicklung unter Wahrung der ökologischen, kulturellen und sozialen Interessen der Zielgruppen beitragen sollen.

- Die Nicht-Regierungsorganisation CEBSE (Centro para la Conservación y Ecodesarrollo de la bahía de Samaná y su Entorno) fördert auf der Halbinsel Samaná in der Dominikanischen Republik Aktivitäten, die eine nachhaltige Ressourcennutzung zum Ziel haben. Eine DED-Fachkraft unterstützt dieses Anliegen, indem sie bei der Entwicklung des Ökotourismus an verschiedenen Standorten berät.

- Vor dem Hintergrund von zunehmender Erdölexploration und illegalen Abholzungen bemüht sich der *Dachverband der indigenen Völker* (OPIP) in der Amazonasprovinz Pastastaza zusammen mit den Tieflandindianern angepaßte, nachhaltige Landnutzungsplanung zu entwickeln. Eine DED-Fachkraft berät die Organisation beim Aufbau eines Ökotourismus-Projektes, wobei die Planung der notwendigen Infrastruktur sowie die organisatorische Betreuung im Mittelpunkt steht.

Unterstützung von Nicht-Regierungsorganisationen

Im Rahmen der Projektarbeit der GTZ kommt es häufig zu Kooperationen mit Nicht-Regierungsorganisationen – wie das Beispiel des Nationalparks Dzanga-Sangha in der Zentralafrikanischen Republik zeigt, wo die GTZ eng mit dem *World Wide Fund for Nature* (WWF) zusammenarbeitet (s.o.). Das Projekt „Absicherung von Schutzgebieten" unterstützt direkt Nicht-Regierungsorganisationen bei der Durchführung von Vorhaben; zwei der geförderten Maßnahmen betreffen Anstrengungen zur Förderung des nachhaltigen Tourismus:

- Albanien: Entwicklung eines Konzeptes zum umwelt- und sozialverträglichen Tourismus im Gebiet von Karavasta in Albanien. Die Maßnahme wurde von der Dachorganisation *Ökologischer Tourismus in Europa* (ÖTE) zusammen mit dem *Deutschen Naturschutzring* und Partnern von der albanischen Naturschutz-Gesellschaft P.P.N.E.A. durchgeführt.
- Costa Rica: Ausbildung von Führern für den Naturtourismus auf der Osa-Halbinsel. Im Rahmen des Projektes wird die NGO *Fundación Neotrópica* unterstützt, um einen ersten Kurs vorzubereiten und durchzuführen.

Tourismusberatung durch „Integrierte Experten"

Im Rahmen des Programms „Integrierte Experten" stellt Deutschland Fachkräfte für Institutionen in Entwicklungs- und Transformländern zur Verfügung, die dort ein reguläres Arbeitsverhältnis mit einer Partnerinstitution eingehen. Deutschland bietet diesen Experten Gehaltszulagen. Dieses Programm wird vom *Centrum für Internationale Migration* (CIM), einem Gemeinschaftsprojekt der GTZ mit dem Bundesarbeitsamt, durchgeführt.

Integrierte Experten sind auch im Bereich der Tourismusförderung tätig: In **Costa Rica** berät eine Integrierte Expertin das *Ministerium für Tourismus* beim Ausbau der touristischen Infrastruktur und der Personalausbildung. Einen besonderen Schwerpunkt ihrer Arbeit stellt die Förderung der touristischen Beziehung zu Deutschland und anderen Staaten der Europäischen Union dar. Daher unterstützt sie auch den Aufbau einer Tourismusvertretung Costa Ricas in Köln und beteiligt sich an Präsentationen auf Messen.

In der **Mongolei** arbeitet ein Experte am *Institut für Tourismus und Management* in Ulan Bator. Neben der Vorlesungs- und Vortragstätigkeit für die Studenten der Fachhochschule entwickelt er Curricula für die touristische Ausbildung und führt Fortbildungsveranstaltungen für Fachkräfte aus der Touristikbranche durch. Darüber hinaus stärkt den Kontakt zu Fremdenverkehrsbetrieben und bietet Beratung für Tourismusunternehmen an.

In **Kirgisistan** unterstützt eine Integrierte Fachkraft den Aufbau der 1992 gegründeten *Staatlichen Agentur für internationalen Tourismus* in Bischek, die den fast völlig zusammengebrochenen Tourismus wieder beleben soll und Konzepte für touristische Infrastrukturmaßnahmen erarbeitet. Die Integrierte Fachkraft beteiligt sich an der Entwicklung von Marketingstrategien zur Ankurbelung des internationalen Tourismus und hilft, Kontakte zu internationalen Reiseveranstaltern herzustellen.

Ausbildungsförderung

Im Rahmen des BMZ-Programms „Förderung betrieblicher Ausbildungsmaßnahmen in Entwicklungsländern" werden u.a. Einzelmaßnahmen, die touristische Einrichtungen betreffen, durchgeführt. Zielsetzung ist, das Angebot an systematischer betrieblicher Ausbildung in Entwicklungsländern zu erweitern und dabei insbesondere die Ausbildungsleistungen von Niederlassungen deutscher Unternehmen zu unterstützen.

Zielgruppen sind Unternehmen, die in einem Entwicklungsland förderungswürdige betriebliche Ausbildung durchführen. Gefördert werden insbesondere Ausbildungsgänge, die einer Facharbeiterausbildung vergleichbar sind, sowie Weiterbildungsmaßnahmen. Im Regelfall werden pauschale Zuschüsse je Auszubildendem und Monat gewährt. Die Ausbildung maß auf der Basis eines verbindlichen Ausbildungsplanes erfolgen, und der Ausbildungsbetrieb hat mit dem Auszubildenden einen Ausbildungsvertrag abzuschließen. Ein angemessener Teil der Ausbildungszeit ist für theoretische Unterweisung, z.B. im betrieblichen Unterricht oder an externen Ausbildungsstätten vorzusehen.

Für u.a. folgende touristische Einrichtungen wurden bisher Ausbildungszuschüsse gewährt:

- IFA-Hotel, Türkei (1990–1997)
- Camara de Turismo, Gremial de Hoteleros Guatemala (1990–1996)
- Kreutzer Spezialreisen GmbH München / Lanka Princess Ltd., Sri Lanka (seit 1977ff.)
- MEKSA Berlin und Ankara, Türkei, Hotelfachschule (1996–2001)
- Camara Hotelera de Santa Cruz, Santa Cruz, Bolivien (1992–1998)
- LTI GmbH, Kenia (1992–1997)
- Paradiana, Thailand und Tunesien (1993–1999)
- TUI International GmbH, Hannover / Iberotel Art Kemer, Iberotel Marmaris Park und Iberotel Sarigerme Park, Türkei (1991–1999)
- Yayasan Bina Eksekutif, Indonesien (1993–1999)

Andere Formen der Ausbildungsförderung im Tourismus spielen z.B. in den Projekten „Reform der beruflichen Bildung in Jamaika" (1993–1998), „Förderung der dualen Berufsausbildung in Paraguay" (1992–1995) und „Förderung der beruflichen Bildung in Uruguay" (1993–1997) eine Rolle. Im Rahmen dieser Vorhaben werden z.B. duale Berufsbildungsprogramme entwickelt und gefördert und ein Strukturentwicklungsplan der beruflichen Bildung unter Berücksichtigung des Hotel- und Gaststättengewerbes entwickelt.

Förderung von Hotelfachschulen

Die Verbesserung der Ausbildung an Hotelfachschulen stellte vor allem in den 70er Jahren ein wichtiges Arbeitsfeld der deutschen entwicklungspolitischen Zusammenarbeit dar. Im Rahmen dieser Maßnahmen wurden ausgewählten Fachschulen Lehrkräfte und Beratungsleistung sowie technische Ausrüstung zur Verfügung gestellt. An der Hotelfachschule Luxor in Oberägypten, deren Gründung auf einen von der GTZ erarbeiteten Tourismus-Entwicklungsplan zurückgeht, waren beispielsweise bis zu fünf Berater tätig. Es wurde die Ausbildung von Fachkräften für das Mittel-Management des ägyptischen Hotel- und Gaststättengewerbes

Die Messeförderung – hier ein über die GTZ geförderter Stand der Mongolei auf der *Internationalen Tourismusbörse* ITB in Berlin – spielte in der entwicklungspolitischen Zusammenarbeit Deutschlands bis in die 80er Jahre eine wichtige Rolle (Aufn.: Gisa Stegmüller/PROTRADE).

gefördert. Im Rahmen des Vorhabens wurden auch Stipendien für bedürftige Studenten bereitgestellt und 15 Absolventen der Schule wurde in Deutschland eine weiterführenden Ausbildung ermöglicht.

Im einzelnen wurden folgende Hotelfachschulen gefördert

- Ankara, Türkei (1964)
- Bizerta, Tunesien (1965)
- Colombo, Sri Lanka (1968–1973)
- Monastir, Tunesien (1971–1973)
- Agadir, Marokko (1973–1979)
- Djerba, Tunesien (1973–1979)
- Banjul, Gambia (1975–1986)
- Luxor, Ägypten (1982–1990)

Nach 1982 wurden keine neuen Projekte zur Förderung von Hotelfachschulen mehr bewilligt.

Messeförderung

Die Internationale Tourismusbörse ITB, die alljährlich Anfang März in Berlin stattfindet, stellte die weltweit größte Fachmesse der Fremdenverkehrswirtschaft dar, von der entscheidende Impulse für die Marktentwicklung ausgehen. Daher ist es gerade auch für Entwicklungsländer, die Tourismus als Vehikel für ihre Entwicklung einsetzen, von entscheidender Bedeutung, an der Messe als Anbieter teilzunehmen, und sich dort gegenüber Mitbewerbern entsprechend zu positionieren.

Die Bundesrepublik Deutschland begann Anfang der 70er Jahre, die Präsentationen einzelner Länder auf der ITB gezielt zu unterstützen. Bezahlt wurden Standmiete, Aufbau, Technik, Werbung und Prospektdruck. Die Handels- und Messeförderung der GTZ (PROTRADE) bezuschußte die Teilnahme und leistete beratende Unterstützung, nicht zuletzt auch durch Kontaktvermittlung zu deutschen Touroperators. Die Förderung über das Marketinginstrument Messen erwies sich als äußerst wirksam, sowohl Fach- als auch PR-bezogen. Neben der direkten Unterstützung einzelner Länderstände wurde auch die Veranstaltung von Workshops zu internationalem Reiserecht, zum Verhalten der Reiseleiter usw. gefördert.

Für die Gestaltung der Messestände entwickelte PROTRADE das Konzept von „Tourismusdörfern" für große Regionen, so z.B. das „karibische Dorf" mit 25 Beteiligungen aus der Inselwelt, das „Südseedorf" mit bis zu 7 Beteiligungen und das „afrikanische Dorf" mit bis zu 25 Beteiligungen.

Aus den Anfängen der Förderung Anfang der 70er Jahre entwickelte sich ein umfassendes Förderprogramm, an dem sich bis zu 70 Länder beteiligten. Aufgrund einer Vereinbarung zwischen dem BMZ und der EU kam es Ende der 80er Jahre jedoch zu einer Umkehr: Maßnahmen der Tourismusförderung, insbesondere für AKP-Staaten, wurden der EU überantwortet (Lomé-Abkommen), so daß dieser Förderbereich bei der GTZ auslief. Die EU förderte Messebeteiligungen bis einschließlich 1997.

Eine Förderung der Transformländer aus Mitteln des *Bundesministeriums für Wirtschaft* (BMWi) begann 1993 und wurde durch PROTRADE durchgeführt. Sie umfasst die baltischen Staaten, Weißrußland und die Ukraine. Für 1998 ist wiederum Weißrußland vorgesehen, sowie der St. Petersburger Raum.

Bildungsarbeit für Touristen

Tourismus in Entwicklungsländern setzt auf seiten der Reisenden ein hohes Verantwortungsbewußtsein voraus. Seit 1976 fördert die GTZ zusammen mit dem BMZ sowie kirchlichen und privaten Organisationen die vom *Studienkreis für Tourismus und Entwicklung*, Ammerland, herausgegebenen *Sympathiemagazine*. Sie werben um Verständnis und Sympathie für Reiseziel-länder und deren Menschen. Im Mittelpunkt dieses Projektes steht das Bemühen, Mißverständnisse und Vorurteile abzubauen. Bisher sind *Sympathiemagazine* zu über 30 Ländern erschienen und zahlreiche Veranstalter von Reisen in Entwicklungs- und Transformländer bieten ihren Reisegästen diese Broschüre zur Urlaubsvorbereitung an.

Dr. Max Kasparek
Mönchhofstr. 16, 69120 Heidelberg

Die „Berliner Erklärung" zu „Biologische Vielfalt und nachhaltiger Tourismus"

Ziele und Perspektiven

von Karl G. Tempel

Der Tourismus hat sich zu einem der weltweit größten Wirtschaftszweige entwickelt und ist deshalb auch für die Umwelt- und Naturschutzpolitik ein zunehmend wichtiges Handlungsfeld geworden. Ohne eine nachhaltige Entwicklung des Tourismus können zentrale Handlungsziele der globalen Umweltpolitik, wie die Erhaltung der biologischen Vielfalt, der Klimaschutz, oder die Verringerung des Ressourcenverbrauches, nicht erreicht werden.

Den Tourismus in nachhaltige, ökologisch wie sozial verträgliche Bahnen zu lenken und ihn zugleich verstärkt in den Dienst des Umwelt- und Naturschutzes zu stellen - darauf zielt die „Berliner Erklärung", die im März 1997 auf einer internationalen Umweltministerkonferenz im Vorfeld der „Internationalen Tourismusbörse" (ITB) in Berlin von 18 Staaten und zehn nationalen und internationalen Organisationen verabschiedet wurde.

Neue Herausforderungen

Nachhaltige Entwicklung bedeutet, die Verbesserung der ökonomischen und sozialen Lebensbedingungen mit der langfristigen Sicherung der natürlichen Lebensgrundlagen in Einklang zu bringen. Viele Entwicklungstrends im Tourismus sind mit diesem Leitbild aber nur schwer zu vereinbaren und stellen die nationale wie internationale Umweltpolitik vor neue Herausforderungen.

• Einerseits ist ein verstärktes ökologisches Bewußtsein der Touristen sowie ein wachsendes Bedürfnis nach Naturnähe und intakten Umweltbedingungen im Urlaub zu verzeichnen.

• Andererseits verstärkt sich der Trend zum „Mehr – Weiter – Öfter Reisen". Das Flugzeug verzeichnet die höchsten Zuwachsraten als touristisches Transportmittel und der Anteil der Fernreisen nimmt stetig zu. Nach Angaben der *World Tourism Organization* (WTO 1997) wächst der Weltreiseverkehr jährlich um etwa 4% und verdoppelt sich alle 20 Jahre. Wurden in 1971 noch rund 180 Mio. internationale Touristen gezählt, so waren es 1996 bereits annähernd 600 Mio. Im Jahr 2020 sollen es nach Schätzungen der WTO bereits 1,6 Mrd. sein.

• Darüber hinaus ist eine anhaltende Ausdifferenzierung der Freizeitaktivitäten zu beobachten, die durch technische Innovationen sowie die Entwicklung immer neuer Geräte und verbesserter Ausrüstungen begünstigt wird. Dies alles führt zu einer zeitlichen und räumlichen Expansion des globalen Reise- und Freizeitverhaltens, die auch bisher noch unberührte Naturräume (z. B. Hochgebirge, Gletscher, Regenwälder oder die polaren Meere) in zunehmendem Maße erfaßt.

• Weitere ökologisch negative Auswirkungen dieser Entwicklungstrends bestehen vor allem in der Zunahme der Schadstoff- und CO_2-Emissionen durch den Tourismus- und Freizeitverkehr, in der fortschreitenden Verbauung und Urbanisierung attraktiver Natur- und Kulturräume, sowie in der Übernutzung der natürlichen Ressourcen in den Zentren des Massentourismus und in ökologisch empfindlichen Gebieten (semiaride Gebiete, Feuchtgebiete, Inseln).

Andererseits kann ein nachhaltiger, umweltgerechter Tourismus durchaus dazu beitragen, die Ziele des Natur- und Umweltschutzes zu unterstützen, indem er z.b. zusätzliche Einkommen für ländliche Regionen schafft und zur Erhaltung von Kulturlandschaften beiträgt, die Finanzierung von Schutzgebieten gewährleistet, oder Einkommensalternativen bietet, die es den Menschen ermöglichen, auf ökologisch nachteiligere Nutzungen zu verzichten (z.B. Tourismus statt Waldrodung und Anbau von Monokulturen).

Bisherige Aktivitäten

Die Notwendigkeit einer nachhaltigen und umweltgerechten Tourismusentwicklung wird national wie international zunehmend erkannt. Viele Staaten haben inzwischen z.B. Regelungen geschaffen, die zumindest größere touristische Vorhaben einer Umweltverträglichkeitsprüfung unterziehen.

• Die Tourismuswirtschaft selbst hat zahlreiche Aktivitäten entfaltet, um die negativen Auswirkungen des Tourismus auf Umwelt und Natur zu verringern und ihr ökologisches Image zu verbessern. Insbesondere „weiche" Instrumente, wie Öko-Checklisten, Leitfäden, Wettbewerbe, Umweltpreise usw. werden genutzt, um in der Branche entsprechende Maßnahmen, die über das gesetzlich Gebotene hinausgehen, auszulösen. Ein erheblicher ökologischer Impuls für das deutsche Hotel- und Gaststättengewerbe ist z.B. von dem „40-Punkte-Katalog: So führen Sie einen umweltfreundlichen Betrieb" ausgegangen, der mit Mitteln des BMU gefördert wurde und seit 1993 im Rahmen von Wettbewerben des Deutschen Hotel- und Gaststättenverbandes umgesetzt wird. Leitfäden für eine umweltgerechte Betriebsführung stehen inzwischen für Autobahnraststätten, Campingplätze und Ferienparks zur Verfügung.

• Der Verein „Ökologischer Tourismus in Europa" (ÖTE) hat 55 Kriterien für den „umweltorientierten Reiseveranstalter" erarbeitet, und der *Deutsche Reisebüro-Verband* hat „Umweltempfehlungen" für die wichtigsten Urlaubsgebiete deutscher Touristen herausgegeben (Bergregionen, Mittelmeerraum, Fernreiseziele).

• 1997 wurde der erste „Bundeswettbewerb umweltfreundliche Fremdenverkehrsorte in Deutschland" abgeschlossen. 120 Tourismusorte in Deutschland hatten sich daran beteiligt, 27 davon wurden mit Bundes- und Projektpreisen ausgezeichnet. Die Dokumentation der Wettbewerbsergebnisse („Urlaub und Reisen in Deutschland – natürlich umweltfreundlich") ist eine

Die „Berliner Erklärung" benennt Meeresküsten als Gebiete, die vom Tourismus ganz besonders bedroht sind (Aufn.: Max Kasparek).

Fundgrube für Ideen und Aktivitäten eines umweltgerechten Tourismus auf kommunaler Ebene.

Darüber hinaus wird die geplante Einbeziehung des Dienstleistungsbereiches in das EU-Umwelt-Audit auch der Tourismuswirtschaft Gelegenheit bieten, dieses Instrument verstärkt zu nutzen. Schließlich haben die Spitzenverbände und -organisationen des deutschen Tourismus eine gemeinsame „Umwelterklärung" erarbeitet, die am 8. Oktober 1997 an das Bundesumweltministerium und das Bundeswirtschaftsministerium übergeben wurde. In dieser Umwelterklärung bekennt sich die Tourismuswirtschaft zu einen „nachhaltigen Tourismus" als grundlegendem Leitbild für die künftige Entwicklung der Branche.

Internationale Initiativen

Seit der Rio-Konferenz 1992 haben sich auch auf internationaler Ebene die Initiativen für einen nachhaltigen Tourismus verstärkt. Die Europäische Union und der Europarat haben spezifische Aktivitäten auf diesem Gebiet entfaltet. Das Umweltprogramm der Vereinten Nationen (UNEP, Paris) hat 1995 erstmals die weltweit vorhandenen Umwelt-Leitlinien im Bereich des Tourismus veröffentlicht.

Im April 1995 fand auf der Insel Lanzarote eine *Weltkonferenz für nachhaltigen Tourismus* statt, die von der UNESCO in Zusammenarbeit mit der spanischen Regierung veranstaltet worden war. Es wurde eine „18-Punkte-Charta für einen nachhaltigen Tourismus" verabschiedet, die große Beachtung gefunden hat.

Ein erstes Beispiel für ein internationales Rechtsinstrument stellt das „Tourismusprotokoll" zur Durchführung der *Alpenkonvention* dar: Es verpflichtet die acht europäischen Alpenstaaten auf das Ziel eines nachhaltigen Tourismus im Alpenraum und zeigt die entsprechenden Regelungstatbestände auf, wie z.B. die Ausweisung von „Ruhezonen", Maßnahmen der Besucherlenkung und Verkehrsberuhigung, sowie landschaftsschonender Bau und Betrieb touristischer Anlagen. Die Unterzeichnung des Protokolls wird voraussichtlich auf der 5. Alpenkonferenz im Frühjahr 1998 erfolgen.

Beispielcharakter für Regelungen in besonders empfindlichen Gebieten hat das Umweltschutzprotokoll (USP) zum *Antarktisvertrag*. Der zu seiner Umsetzung beschlossene „Leitfaden für Besucher der Antarktis" definiert hier die Anforderungen an das Verhalten der Touristen.

Tourismus und die Biodiversitätskonvention

Diese Ansätze reichen aber nicht aus, um auf globaler Ebene eine nachhaltige Entwicklung des Tourismus zu bewirken. Eine Initiative von Bundesumweltministerin *Angela Merkel* zielt deshalb darauf ab, das „Übereinkommen über die biologische Vielfalt" als zentrales Instrument für die Entwicklung internationaler Richtlinien zu nutzen, um die Interessen der Naturerhaltung und des Tourismus miteinander in Einklang zu bringen. Zwar befaßt sich die Biodiversitätskonvention – wie auch die „AGENDA 21" – nicht speziell mit Fragen des Tourismus. Doch ebenso, wie zahlreiche Kapitel der AGENDA 21 für den Tourismus von Bedeutung sind, bietet auch diese Konvention wichtige Anknüpfungspunkte für globale Absprachen zu diesem Thema.

Bundesumweltministerin Merkel hat deshalb Staaten aus den verschiedenen Weltregionen, die als Zielländer für den internationalen Tourismus von Bedeutung sind und zugleich über eine große Artenvielfalt verfügen, sowie einschlägig engagierte Verbände und internationale Organisationen zu einer internationalen Konferenz „Biologische Vielfalt und Tourismus" eingeladen, die vom 6.–8. März 1997 in Berlin stattfand. Die auf dieser Konferenz verabschiedete „Berliner Erklärung" stellt einen ersten, weltweiten Konsens über Grundsätze eines nachhaltigen und naturverträglichen Tourismus auf Regierungsebene dar.

Die Kernaussagen der „Berliner Erklärung – Biologische Vielfalt und nachhaltiger Tourismus" sind (vgl. den vollen Text der Erklärung im Anhang):

- **Nachhaltiger Tourismus** stellt eine **sinnvolle Nutzung** der biologischen Vielfalt dar und kann zur Erhaltung der biologischen Vielfalt beitragen.

- Die Tourismusentwicklung bedarf der **Steuerung** und eines **sorgfältigen Managements**, um sicherzustellen, daß sie in nachhaltigen Bahnen verläuft.

- Tourismus in ökologisch und kulturell **sensiblen Gebieten** muß be-

In den letzten Jahren ist bei Urlaubern ein verstärktes ökologisches Bewußtsein sowie ein wachsendes Bedürfnis nach Naturnähe und intakten Umweltbedingungen zu verzeichnen. (Aufn.: Andreas W. König).

sondere Aufmerksamkeit gewidmet werden. Massentourismus ist in diesen Gebieten zu vermeiden.

- Für eine nachhaltige Tourismusentwicklung sind **alle Akteure** verantwortlich, insbesondere auch der private Sektor; freiwillige Initiativen der Wirtschaft (Selbstverpflichtungen, Gütesiegel) sollten ermutigt werden.
- Große Bedeutung wird der **lokalen Ebene** beigemessen, die nicht nur Verantwortung für eine nachhaltige Entwicklung des Tourismus trägt, sondern auch in besonderer Weise aus dem Tourismus Nutzen ziehen soll.

Generell ist darauf hinzuweisen, daß die „Berliner Erklärung" für abgestufte und angepaßte Nutzungskonzepte eintritt. Es werden keine pauschalen Beschränkungen oder Verbote gefordert, sondern vor allem Maßnahmen eines sorgfältigen Managements.

Die Umsetzung der „Berliner Erklärung" soll einerseits im Rahmen des *Übereinkommens über die biologische Vielfalt* mit dem Ziel globaler Absprachen für eine nachhaltige Tourismusentwicklung erfolgen. Eine erste Beschlußfassung ist auf der 4. Konferenz der Vertragsstaaten dieser Konvention im Mai 1998 in Bratislava (Slowakei) vorgesehen. Zum anderen dient sie auch als

Grundlage für unterstützende Aktivitäten und für die Erörterung der nichtkonventionsspezifischen Aspekte eines nachhaltigen Tourismus (z. B. der ökonomischen und fiskalischen Rahmenbedingungen) im Rahmen der UN-Kommission für nachhaltige Entwicklung (CSD). Die *Sondergeneralversammlung der Vereinten Nationen für Umwelt und Entwicklung* vom Juni 1997 („5 Jahre nach Rio", „Rio +5") hat der CSD bereits ein entsprechendes Mandat erteilt und die CSD beauftragt, ein „Arbeitsprogramm nachhaltiger Tourismus" bis 1999 vorzulegen. Nicht zuletzt sind auch die bi- und multilateralen Finanzierungsinstitutionen aufgefordert, die Grundsätze der „Berliner Erklärung" bei ihrer tourismusbezogenen Förderpolitik zu berücksichtigen.

Als eines der größten Herkunftsländer für den internationalen Tourismus steht die Bundesrepublik Deutschland in einer besonderen Verantwortung für das globale Ziel eines nachhaltigen Tourismus. Es ist zu hoffen, daß die geschilderten Initiativen und Aktivitäten den erfolgreichen Auftakt international abgestimmter Bemühungen für einen nachhaltigen, d.h. einen ökologisch, kulturell und sozial verträglichen Tourismus darstellen.

Literatur

BUNDESAMT FÜR NATURSCHUTZ (Hrsg.): Biodiversität und Tourismus – Konflikte und Lösungsansätze an den Küsten der Weltmeere.
Berlin & Heidelberg, 1997.

BUNDESMINISTERIUM FÜR UMWELT, NATURSCHUTZ UND REAKTORSICHERHEIT (Hrsg.): Das Grüne Buch der Touristik (3. Auflage). Bonn, 1996.

BUNDESVERBAND DER DEUTSCHEN TOURISMUSWIRTSCHAFT e. V. u. a.: Umwelterklärung. Bonn, 1997.

DEUTSCHER FREMDENVERKEHRSVERBAND e. V. (Hrsg.): Urlaub und Reisen in Deutschland – natürlich umweltfreundlich. Dokumentation des Bundeswettbewerbs umweltfreundliche Fremdenverkehrsorte in Deutschland 1996.
Bonn, 1997.

HAMELE, Herbert: Das Buch der Sieben Siegel – Umweltauszeichnungen im Tourismus. München, 1994.

INTERNATIONAL CONFERENCE OF ENVIRONMENT MINISTERS ON BIODIVERSITY AND TOURISM: Berliner Erklärung „Biologische Vielfalt und nachhaltiger Tourismus".
Berlin, März 1997.

Karl G. Tempel

Bundesministerium für Umwelt, Naturschutz und Reaktorsicherheit
Referat N II 3, Postfach 69
10044 Berlin

Ausgewählte Ergebnisse der Diskussion des Fachgesprächs „(Öko-) Tourismus – Instrument für eine nachhaltige Entwicklung?"

Zum Fachgespräch am 12. Juni 1997 in der GTZ

von Andreas Drews

Tourismus und regionale Entwicklungsplanung

Das Thema kann nicht auf den Tourismus in Schutzgebieten und die dort entstehenden Probleme beschränkt bleiben. Auch außerhalb der Schutzgebiete haben die wachsenden Touristenzahlen in vielen Ländern erhebliche Umweltwirkungen, die sich massiv auf die Ökosysteme und damit auch die Lebensbedingungen der lokalen Bevölkerung auswirken.

Die bisherigen Erfahrungen zeigen, daß die Tourismusplanung in die regionale Entwicklungsplanung eingebunden werden muß. Wichtige Ziele einer solchen integrierten Tourismusplanung wären:
- den lokalen Tourismus nicht durch den internationalen Tourismus zu verdrängen,
- die Auswirkungen des Tourismus auf lokale Anbieter und sekundäre Dienstleister (z.B. Produktion von Nahrungsmitteln für Hotels und Ressorts) von Anfang an zu berücksichtigen und
- die saisonalen Effekte des internationalen Tourismus durch Einbeziehung des lokalen Tourismus zu mindern.

Als problematisch erweist sich hierbei die Tatsache, daß in vielen Ländern die Region als Akteur faktisch nicht vorhanden ist. Regionale Planungskonzepte werden zwar erstellt, enden aber oftmals in der Schublade, da sie nicht in *regionale Aktionskonzepte* umgesetzt werden. Erschwerend kommt hinzu, daß in vielen Ländern Schutzgebiete in der Kolonialzeit entstanden sind und diese Schutzgebiete heute oftmals Fremdkörper innerhalb der staatlichen Planungs- und Verwaltungsstrukturen darstellen.

Auch die Entwicklungsgeschwindigkeit des Tourismus müßte besser gelenkt werden. Die vielfach vorhandene Akzeptanz durch die lokale Bevölkerung bleibt nämlich solange erhalten, wie die soziokulturellen Gegebenheiten vom Tourismus berücksichtigt werden und die zwangsläufigen Veränderungen nicht zu schnell stattfinden.

Die Diversifizierung der Quellgebiete beispielsweise des Südostasientourismus hat in kurzer Zeit zu einem hohen Zuwachs der Besucherzahlen geführt, ohne daß Instrumente zu einer umweltverträglichen Lenkung der Massen zur Verfügung stehen.

Fachgespräch

(Öko-)Tourismus – Instrument für eine nachhaltige Entwicklung?

Termin:	Donnerstag, 12. Juni 1997, 9.30 Uhr
Ort:	GTZ, Raum 1101, Dag-Hammarskjöld-Weg 1–5, Eschborn

09.30–09.45	**Einleitung** Burghard Rauschelbach, GTZ, Abt. Umwelt- und Ressourcenschutz / Verbreitung angepaßter Technologien, Projekt „Umsetzung der Biodiversitätskonvention"
09.45–10.05	**Was ist Ökotourismus?** Prof. Dr. Bernhard Müller, TU Dresden und Institut für ökologische Raumentwicklung e.V.
10.05–10.25	**Erhaltung von Schutzgebieten durch Tourismus** Dr. Manfred Niekisch, Oro Verde, Frankfurt
10.25–10.45	**Ist das Ökotourismus? Kurzvorstellungen zur Posterausstellung** • Birgit Steck: Ökotourismus auf der Insel Ometepe im Nicaraguasee • Thomas Lichtenberg: Tourismus in Biosphärenreservaten • Marion Scholl & Christian Theel: Naturschutz und Tourismus in den Tropen und an der Ostsee • Anne Wolf: „Naturschutz durch Tourismus" – Ergebnisse der Tagung 1996 auf Vilm
10.45–11.30	Diskussion
11.30–12.00	Pause mit Posterpräsentation
12.00–12.20	**Die Berliner Tourismuserklärung vom März 1997** Karl-Georg Tempel, BMU, Berlin
12.20–12.40	**Tourismus – paßt das in das Leitbild einer nachhaltigen Entwicklung?** Jürgen Wolters, Forum Umwelt & Entwicklung, Bonn
12.40–13.15	Diskussion

Mittagspause (13.15–14.15)

14.15–14.35	**Reisende und Bereiste – soziale Verantwortung beim Tourismus in Entwicklungsländern?** Armin Vielhaber, Studienkreis Tourismus und Entwicklung, Ammerland
14.35–15.15	**Umweltverträglichkeit des Reisens aus der Sicht von Reiseunternehmen** Statements von Reiseveranstaltern • Marco Dadomo, DER (Frankfurt) • Dr. Thomas Immelmann, LTU / Tjaereborg (Düsseldorf) • Dr. Wolfmichael Iwand, TUI (Hannover) • Tanja Pickenpack, Hauser-Exkursionen (München)
15.15–15.30	Pause
15.30–17.00	Diskussion und anschließendes Fazit Moderation: Prof. Dr. Ludwig Ellenberg, Humboldt-Universität, Berlin

Das Fachgespräch ist eine Kolloqiumsveranstaltung. Wegen der beschränkten Teilnahmekapazität bitten wir um vorherige Anmeldung:
Burghard Rauschelbach, GTZ, OE402, Zi.: 1174, Postfach 5180, 65726 Eschborn
Tel.: 06196/79-1174, Fax: 06196/79-7151, e-mail: burghard.rauschelbach@gtz.de

Massentourismus contra Individual- und Naturtourismus

Das Gros der Ferntouristen ist während des Urlaubes nicht an den Problemen der besuchten Länder interessiert. Zudem werden europäische Standards bezüglich des Lebensstils in großem Maße in Entwicklungsländer übertragen – ein Beispiel für Eurozentrismus. Durch den Aufbau von sogenannten Touristenghettos werden die Touristen von der Realität in den besuchten Ländern abgeschirmt. Eine umwelt- und sozialverträgliche Form des Tourismus ist dies mit Sicherheit nicht. Trotzdem steht nicht die Abschaffung des Ferntourismus zur Debatte, sondern die Entwicklung von nachhaltigen Formen, da der lokale Tourismus in den Entwicklungsländern vielfach nicht ausreicht, um im Rahmen von Konzepten des Ökotourismus genügend Einkommen für die lokale Bevölkerung zu generieren und damit einen Beitrag zur Erhaltung der Schutzgebiete zu leisten.

Massentourismus kann eine Quelle für Ökotourismus sein, wenn im Rahmen von Tagesausflügen gut geführte Gruppen Schutzgebiete etc. besuchen. Die Störeffekte können hier sogar geringer sein, als durch ungeführte Individualreisende.

Umweltbildungsmaßnahmen in Zentren des Massentourismus können, wie Beispiele aus Europa zeigen (z.B. Projekt „Damm 2000" in Schleswig-Holstein), durchaus erfolgreich sein, wenn Bildung und Unterhaltung in Naturerlebnisräumen verdichtet werden. Erfahrungen aus Entwicklungsländern zeigen, daß Massentourismus einen nennenswerten Beitrag zur Finanzierung von Schutzgebieten leisten kann und u.U. weniger Schäden verursacht als andere Nutzungen, wie z.B. in Falle des Meeresschutzgebietes bei Caucan, Mexiko. Hier wäre das Angebot von Kombinationsreisen wünschenswert und fände die volle Unterstützung der mexikanischen Regierung. Beide Beispiele zeigen, daß eine Qualifizierung von Tourismusangeboten möglich ist.

Eine Alternative zum Massentourismus ist der Ansatz des „high cost – low volume tourism" der beispielsweise in einigen Ländern des südlichen Afrika verfolgt wird. Das Potential für den hierunter fallenden Jagd- und Safaritourimus ist mit Sicherheit noch groß. Wie groß, ist allerdings schwer abzuschätzen und umstritten.

Tourismus und Ökosiegel

Die Bewertung von Tourismus im Hinblick auf Umweltverträglichkeit und nachhaltige Entwicklung ist nicht a priori möglich. So sind beispielsweise aus der Sicht der Naturschutzverbände Ökosiegel für Fernreisen allein wegen der Anreise mit dem Flugzeug abzulehnen.

Die Kriterien für eine Zertifizierung müssen differenziert erarbeitet werden. Einerseits ist dabei zu beachten, daß Ökotourismus streng definierte Kriterien erfüllen muß. Andererseits sind zu strikte Kriterien für die Praxis nutzlos, da die entsprechenden Siegel nicht zur Anwendung kommen. So ist der „Grüne Koffer" des DNR (Deutscher Naturschutzring) – ein Siegel, das Gemeinden für ein umweltverträgliches Tourismusangebot vergeben werden soll – noch nie vergeben worden, da bisher die Kommunen eine Zertifizierung durch die Naturschutzverbände ablehnen.

Wesentlich für den langfristigen Wert von Ökosiegeln ist begleitende Evaluierung und Monitoring. Auch muß die Zahl der Siegel überschaubar bleiben, da ansonsten der Informationsgehalt der einzelnen Siegel für den Touristen gegen Null zu gehen droht.

Tourismus in der Entwicklungszusammenarbeit

Aus der Sicht des BMZ ist der Tourismus kein vorrangiges Thema der Entwicklungszusammenarbeit. Es existiert kein Sektorkonzept „Tourismus". Tourismusförderung kann aber durchaus flankierend in Projekten eingesetzt werden. So haben beispielsweise etwa die Hälfte der 18 bisher geplanten und in Durchführung befindlichen Einzelvorhaben des Sektorvorhabens „Umsetzung der Biodiversitätskonvention" eine Tourismuskomponente.

Wichtige Tätigkeitsfelder im Rahmen der Entwicklungszusammenarbeit wären:

- Stärkung lokaler Gemeinschaften bei der Vertretung ihrer Position gegenüber nationalen und internationalen Tourismusunternehmen („capacity building");
- Ausbildung lokaler Arbeitskräfte im Hotel- und Gaststättenbereich (wird vielfach bei der *International Labour Organisation*, ILO, angefragt);
- Klärung von Marktpotentialen und Nutzen für die lokale Bevölkerung im Vorfeld von geplanten Infrastrukturmaßnahmen (Hotel- und Straßen-/Wegebau) in Schutzgebieten.

Da Ökotourismus zwangsläufig die einzig relevante Finanzierungsquelle für Schutzgebiete ist, sollte die Rolle der Entwicklungszusammenarbeit in der Tourismusförderung überdacht werden. Die entwicklungspolitischen Potentiale des Tourismus sollten genutzt werden. Entwicklungspolitische Zielsetzungen könnten in vielen Ländern mit den Einnahmen aus dem Tourismus umgesetzt werden.

Die Kooperationsmöglichkeiten zwischen Reiseveranstaltern (Outgoing- und Incoming-Agenturen sowie anderen Beteiligten) und BMZ im Rahmen der Finanziellen und Technischen Zusammenarbeit sind bei weitem nicht ausgelotet. Know-how Defizite reichen von der lokalen Bevölkerung bis zu den Geldgebern. Professionelles Management gepaart mit realistischer Einschätzung der Möglichkeiten am Markt sind notwendige Voraussetzungen zur Vermeidung von Enttäuschungen bei allen Beteiligten.

Fazit

Die Kooperation zwischen den Akteuren muß auf allen Ebenen gefördert und gestärkt werden. Ansätze sind zwar in Vielzahl vorhanden, jedoch diese Ansätze in funktionierende Kooperationen umzusetzen ist bisher selten gelungen. Aufgabe der Entwicklungszusammenarbeit könnte sein, die notwendigen Kooperationen als ein „facilitator of debate" zu moderieren. Es wurde der Wunsch laut, das BMZ solle seine Position überdenken und die Potentiale des Tourismus als Motor für eine regionale Entwicklung nutzen.

Wesentliche Ziele für die Entwicklungszusammenarbeit müssen hierbei sein,

Ergebnisse der Diskussion des Fachgesprächs

- Rolle der Entwicklungszusammenarbeit bei der Tourismusförderung
- Ökotourismus in Projekten: Konzept fehlt!
- Massentourismus contra Individual- und Naturtourismus
- Verstärkung des Dialoges
- Neuorientierung der EZ im Bereich Tourismus
- Ökotourismus ist nur als Komponente der Regionalentwicklung möglich
- Umfassende Partizipation der lokalen Bevölkerung
- Massentourist kann auch Ökotourist sein
- Geschulte Reiseleitung
- Verdrängt internationaler Tourismus den lokalen Tourismus?
- Organisation über viele lokale Organisationen
- Partizipation: ohne Ausbildung oft unmöglich!
- Respekt gegenüber lokaler Bevölkerung
- Profit: Beim Veranstalter oder bei lokaler Bevölkerung?
- Umweltschonende Brennstoffnutzung und -entsorgung
- Zertifizierung: Problem Bei Fernreisen!
- Kleine Gruppen - viel zu Fuß
- Lokale Verkehrsmittel werden bevorzugt
- Zeltplätze außerhalb von Siedlungen
- Vermeidung von unnötigem Luxus
- Ehrliche Kundeninformation
- Verpflegung aus lokaler Belieferung
- Touristische Angebotsformen qualifizieren
- Ausweitung der Forschung
- Verstärkung der Touristeninformation
- Verantwortliches Handeln und Denken fördern
- Ethnozentrisches Denken bei Reisen und Reiseplanung

- das Interesse der lokalen Bevölkerung an Tourismusprojekten zu klären,
- die lokale Bevölkerung bei der Vertretung ihrer Interessen gegenüber den Investoren zu unterstützen und
- im Falle von Schutzgebieten durch Beratungsleistungen die Bevölkerung in die Lage zu versetzen, den Tourismus selbst zu managen.

Auf wissenschaftlicher Ebene sind im Grundsatz die wesentlichen Fragen geklärt, die notwendigen Instrumente stehen zur Verfügung. Begleitende Untersuchungen sind im Einzelfall sicherlich notwendig, jedoch müssen hierzu erst einmal die notwendigen Kooperationen zwischen Veranstaltern, lokalen Gruppen und Entwicklungszusammenarbeit initiiert und in die Praxis umgesetzt werden.

Zusammenfassung der Diskussion:

Dr. Andreas Drews

Ecke 3
Heckholzhausen
65614 Beselich

Ökotourismus: Lukratives Nischenprodukt oder Modell zum nachhaltigen Umbau des Tourismus?

Neue Publikationen zum Thema Tourismus

von Yörn Kreib

„Einmal begonnen, ist Tourismus nicht mehr zurückzunehmen – allenfalls zu bremsen und zu regulieren. Touristische Entwicklung ist eine Gratwanderung, die einerseits zügellosen Ausverkauf der Natur und andererseits zu starke Reglementierung der Touristen bedeuten kann. Die Hoffnung bleibt, daß aus dem schmalen Grat ein begehbarer, sicherer Pfad wird" (Ellenberg 1997, S. 234). Das Prinzip Hoffnung ist zu einer festen Größe innerhalb der Ökotourismusdiskussion geworden. Aus welchen Quellen sich diese Hoffnung allerdings speist bleibt angesichts bisheriger und ungebremst fortdauernder weltweiter touristischer Expansion im Dunkeln.

Handlungsbedarf

Der Handlungsbedarf jedenfalls ist unübersehbar, stellt das *Bundesamt für Naturschutz* (BfN) in seiner Untersuchung touristischer Brennpunkte an den Küsten der Weltmeere fest. Besonders alarmierend sei die Situation im Mittelmeerraum, dem international bedeutendsten Reiseziel. Die Studie des BfN kommt zu erschreckenden Ergebnissen. Zwischen 1900 und 1990 verlor Europa 43 Prozent seiner Küstendünen, Spanien und Frankreich je 75 Prozent und Italien sogar 80 Prozent. Auf der ganzen Welt frißt der Tourismus an den Küsten. Dünen werden planiert und weichen Hotelanlagen und Golfplätzen. Die in den Touristenzentren boomende Bauwirtschaft zerstört Strand- und Korallenbiotope auf ihrer Suche nach Baumaterialien. Ein Ende scheint nicht in Sicht. Bis zum Jahr 2010 werde sich die Zahl der Touristen auf über eine Milliarde verdoppeln. Allein im Mittelmeerraum rechnet die Welt Tourismus Organisation (WTO) mit einem Anstieg der jährlichen Besucherzahlen von derzeit 100 Millionen auf 250 bis 400 Millionen bis zum Jahr 2025.

Die sehr detailliert analysierende und graphisch aufwendig produzierte Studie schließt mit der Formulierung eher allgemeiner Handlungsansätze ab. Neben der Forderung nach speziellen, international verbindlichen „Regelungen zur Gewährleistung eines natur- und umweltverträglichen Tourismus" spricht sich die Studie vor allem für den Abbau des Vollzugsdefizits bereits bestehender Abkommen aus. Entscheidende Voraussetzung sei die Einsicht aller am Tourismus Beteiligten, „daß touristische Nutzungen eine Gefährdung für den

Erhalt der biologischen und landschaftlichen Vielfalt darstellen und es der Anwendung gezielter Lösungsstrategien zur Vermeidung und Verminderung von Konflikten bedarf" (BfN 1997).

Wirkungen des Ferntourismus

Jedem, der sich – selbst nach 20 Jahren Tourismuskritik – dieser Erkenntnis verweigert, sei das Buch des Geografen Karl Vorlaufer „Tourismus in Entwicklungsländern" empfohlen. Seine umfangreiche, zum Teil geradezu akribische Beschreibung der Funktionsweisen und Auswirkungen des modernen (Fern-) Tourismus ist derzeit einzigartig. Darüber hinaus versucht Vorlaufer, die Zusammenhänge zwischen der Intensität der touristischen Nutzung und dem Verbrauch natürlicher Ressourcen sowie dem wirtschaftlichen Nutzen anhand verschiedener Tragfähigkeitsgrenzen modellhaft darzustellen. Der an kurzfristiger, maximaler Gewinnerzielung orientierte Tourismus erschließt, nutzt – bis über die absolute, maximale Tragfähigkeitsgrenze hinaus – und läßt verwüstete Ressourcen zurück. Eine nachhaltige Entwicklung dagegen orientiere sich an der optimalen, faktischen Tragfähigkeitsgrenze. Bis zu ihr sei eine Nutzung ohne Ressourcenzerstörung möglich, meint Vorlaufer. Durch ein effizientes Ressourcenmanagement ließe sich diese Grenze sogar noch potentiell erhöhen, ohne daß Schäden die Folge seien. Sowohl gesamt- als auch einzelwirtschaftlich führe dies zwar zu geringeren Gewinnen, eröffne aber eine langfristige Perspektive (Vorlaufer 1997, S. 230).

Unter der Bezeichnung „Ökotourismus" hat sich mittlerweile eine ganze Reihe zum Teil widersprüchlicher, scheinbarer Lösungswege sowohl aus der touristischen als auch der ökologischen Misere etabliert. Der sogenannte „Ökotourismus" boomt. Ein Spezialveranstalter von Afrikareisen brachte das Dilemma im Rahmen der *Internationalen Tourismus* Börse (ITB) 1997 in Berlin auf den Punkt: „Der weltweit am schnellsten wachsende Markt ist auf der Jagd nach dem weltweit am schnellsten schrumpfenden Produkt – der Wildnis". Abgesehen vom 'grünen Feuerwerk' weiter Teile der Tourismusbranche hat sich der Begriff „Ökotourismus" aber auch in politischen und wissenschaftlichen Kreisen etabliert.

Tourismus und Entwicklungszusammenarbeit

Vor allem in Anlehnung an eine BMZ-Studie, die die mögliche Rolle des „Ökotourismus als Instrument des Naturschutzes" unter die Lupe nimmt (AG Ökotourismus 1995) wird dem Tourismus anscheinend die Wandlung vom Saulus zum Paulus zugetraut. Die Autoren der Studie analysieren zunächst bisherige Erfahrungen, um diese anschließend anhand von zwei Fallbeispielen zu vertiefen: Abenteuer- und Jagdtourismus in Tansania (Selous Game Reserve) sowie Regenwaldtourismus in Ecuador (Reserva de Produccion Faunistica Cuyabeno). Ihr Fazit lautet: Ökotourismus ist nur dann förderungswürdig, wenn er beispielsweise zur Verbesserung des Lebensstandards im betroffenen Gebiet beiträgt, von „verantwortlichen"(?) Veranstaltern getragen wird und ausreichend Kontrollmöglichkeiten etabliert werden können. Zur Einschätzung der Förderungswürdigkeit haben die Autoren einen umfangreichen Kriterienkatalog entwickelt und darauf aufbauend

Titelliste:

Arbeitsgruppe Ökotourismus
Ökotourismus als Instrument des Naturschutzes?
Forschungsberichte des Bundesministeriums für Wirtschaftliche Zusammenarbeit und Entwicklung, Band 116
Weltforum Verlag, Köln 1995
360 Seiten. 40 DM
[liegt auch in englischsprachiger Ausgabe vor; Kurzfassungen in deutsch und englisch sind kostenlos beim BMZ erhältlich]

Becker, C., H. Job & A. Witzel
Tourismus und nachhaltige Entwicklung: Grundlagen und praktische Ansätze für den mitteleuropäischen Raum.
Wissenschaftliche Buchgesellschaft, Darmstadt 1997
184 Seiten. 39,80 DM

Bundesamt für Naturschutz (BfN) (Herausgeber)
Biodiversität und Tourismus. Konflikte und Lösungsansätze an den Küsten der Weltmeere.
Springer Verlag, Berlin & Heidelberg. 1997, 340 Seiten. 98 DM.

Ceballos-Lascurain, H.:
Tourism, ecotourism and protected areas. The state of nature-based tourism around the world and guidelines for its development.
IUCN, Gland (Schweiz). 1996
300 Seiten.

Ellenberg, L., M. Scholz & B. Beier
Ökotourismus. Reisen zwischen Ökonomie und Ökologie.
Spektrum Akademischer Verlag, 1997. 300 Seiten.

Hennig, C.
Reiselust. Touristen, Tourismus und Urlaubskultur.
Insel Verlag, Frankfurt a.M. & Leipzig. 1997. 228 Seiten. 36 DM.

Vorlaufer, K.
Tourismus in Entwicklungsländern. Möglichkeiten und Grenzen einer nachhaltigen Entwicklung durch Fremdenverkehr.
Wissenschaftliche Buchgesellschaft, Darmstadt. 1996.
257 Seiten. 49,80 DM.

"Empfehlungen für die Entwicklungszusammenarbeit" formuliert. Die möglichen Schwierigkeiten bei der Umsetzung sind den Autoren durchaus bekannt. Neben machtpolitischen, ökonomischen und administrativen Disparitäten sind es vor allem die mit steigendem Bekanntheitsgrad eines ökotouristischen Projekts anwachsenden Touristenmassen, die der Verwirklichung der angestrebten Inhalte schnell Einhalt gebieten. Längst gefährdet selbst der „Ökotourismus" seine eigenen Grundlagen: zum Beispiel auf den Galapagos Inseln (Vorlaufer 1997, S. 229).

Beier 1997, S. 276). Ist Naturschutz durch Naturgenuß also möglich? Die vorgestellten 20 Fallstudien (Vietnam, Kirgistan, Costa Rica u.a.) beleuchten die harte Praxis vor Ort und stellen nachdrücklich unter Beweis, wie steinig der Weg von der Tourismuskritik, der Formulierung ökotouristischer Zielvorstellungen sowie der Forderung nach gesellschaftlichem und wirtschaftlichem Paradigmenwechsel bis hin zur Umsetzung ist. Damit relativieren die Autoren die sehr pragmatisch ausgerichtete Publikation „Tourism, ecotourism and protected areas" (1996).

Ökonomie und Ökologie

Der Geograph Ludwig Ellenberg kommt in seinem Buch „Ökotourismus. Reisen zwischen Ökonomie und Ökologie" zu einem ähnlich 'bescheidenen' Resultat: „Ökotourismus entpuppt sich bezüglich Naturorientierung der Reisenden, Mitfinanzierung von Vorhaben des Naturschutzes und Einkommenssteigerung für die lokal ansässige Bevölkerung fast immer als Etikettenschwindel" (Ellenberg, Scholz & Beier 1997, S. 57). Das Buch stellt klar, daß es sich bei „Ökotourismus" nicht um ein Allheilmittel, sondern um einen Anspruch an den Tourismus handelt, sich in den Dienst „Höherer Ziele" zu stellen. Von einem Patentrezept sei man ebenfalls weit entfernt. Selbst die Übertragbarkeit gelungener ökotouristischer Projekte auf neue Vorhaben sei nahezu unmöglich, meinen die Herausgeber. „Die Erfahrungen aus anderen Projekten können die Geschwindigkeit individueller Planungen aber steigern und deren Treffgenauigkeit verbessern. Bisherige ökotouristische Projekte offerieren Hinweise, die manche Fehlentwicklung vermeiden lassen" (Ellenberg, Scholz &

Naturschutz durch Ökotourismus

Der Mexikaner Hector Ceballos-Lascurain hat darin die Ergebnisse des „IV World Congress on National Parks and Protected Areas" (10.-21.2.1992 Caracas, Venezuela) zusammengefaßt und um allgemeine Aussagen zu Tourismus und Umwelt ergänzt. Als Mitarbeiter der IUCN war Ceballos-Lascurain maßgeblich an der Definition des Begriffs „Ecotourism" beteiligt. Von der naturschützenden Kraft des Ökotourismus ist der Autor fest überzeugt. Mit seinem Handbuch will er zeigen, „how the potential can be realised and the dangers avoided" (Ceballos-Lascurain 1996, xiii). Dazu hat er Kriterien- und Checklisten, wesentliche Tagungsergebnisse sowie Berechnungsgrundlagen für Belastungsobergrenzen, Zonierungs- und Managementkonzepte bis hin zu Entwurfsskizzen für Öko-Lodges zusammengetragen.

Selbst die erfolgreiche Realisierung ökotouristischer Modelle ließe eine ganz entscheidende Frage unbeantwortet: Inwieweit wäre der Tourismus in seiner Gesamtheit davon betroffen? Zunächst wohl kaum. Denn Ökotourismus, entsprechend seiner Definition, ist Tourismus in Natur(schutz)gebiete und in aller Regel eine kostspielige Angelegenheit. Ihm gehe es häufig nicht um eine umfassende Veränderung des Tourismus an sich, sondern um eine kleine, aber wachsende Nische innerhalb des großen touristischen Marktes, umschreibt Wolfgang Strasdas, Mitautor der BMZ-Studie beispielsweise den Standpunkt der amerikanischen NGO „Ecotourism Society" (Ellenberg 1997, S. 259). Ökotourismus sei zudem ein Tourismus der kleinen Zahlen, resümiert Ellenberg. Angesichts der eingangs zitierten touristischen Prognosen kaum mehr als ein Tropfen auf den heißen Stein bezogen auf den weltweiten Tourismusmarkt.

Sehnsüchte der „Öko-Elite"

Ökotourismus in seiner derzeitigen begrifflichen Ausprägung bedient in erster Linie die Sehnsüchte einer finanziell besser gestellten „Öko-Elite". Die Schaffung von Öko-Reservaten bei gleichzeitiger Verwahrlosung der Reiseziele des „kleinen Mannes", der stigmatisierten „Neckermänner", bringt die Lösung des Konflikts zwischen Tourismus und Naturschutz allerdings keinen Schritt voran. Die propagierten ökotouristischen Ansätze machen langfristig nur Sinn, wenn es gelingt, ihnen die Funktion von „Vorreitern für umweltschonendes Reisen überhaupt" (Ellenberg 1997, S. 276) zuzuweisen. Dies scheiterte bisher jedoch vor allem an den Mechanismen des touristischen Marktes. Selbst wenn sie wollte, die Reisebranche hätte es schwer einen tatsächlichen Kurswechsel zu vollziehen. Der selbstinitiierte *Last Minute Boom* hat die Mehrzahl der Reisenden längst zu Schnäppchenjägern mutieren lassen, deren Urlaubsspaß nicht durch den Grad der Biodiversität sondern durch die Qualität der arrangierten Ferienkulisse bestimmt wird. Nur mit einer entsprechenden Preis- und Steuerpolitik (z.B. Besteuerung des Flugbenzins) sei das Reiseverhalten umweltverträglicher zu gestalten, meinen die Einen.

Öko-Siegel

Andere setzen auf Bewußtseinsbildung durch Umweltgütesiegel und Information der Touristen. Ob aber beispielsweise der von Becker, Job und Witzel entwickelte „Reisestern" zur Darstellung der Nachhaltigkeitsbilanz von Reisen „zur Bewußtseinsbildung bei den Touristen beitragen und letztendlich deren Reiseentscheidung beeinflussen" wird, bleibt angesichts der verbreiteten Hin und Weg-Mentalität (für wenig Geld) mehr als fraglich (Becker, Job & Witzel 1997, S. 142). Über farbliche Abstufungen (positiv – negativ) soll der Kunde an einem Reisestern ablesen können, mit welchen Auswirkungen bei jeder einzelnen Reise zu rechnen ist. Die Methode besticht zum einen durch ihre einfache Handhabung, zum anderen durch die realitätsnahe Abbildung des Produkts Reise. Die Autoren verstehen Reise dabei als „Aggregat mit den vier Komponenten An/Abreiseweg, Wege im Zielgebiet, Beherbergung und Reisezweck (Becker, Job & Witzel 1997, S. 133). Die daraus abgeleiteten Indikatoren tauchen im Reisestern wieder auf. Der Kunde erfährt, welcher Transportenergieaufwand nötig ist, wie hoch der durch seine Reise verursachte Ressourcenverbrauch ist, welche Auswirkungen auf Arbeitsmarkt, Wirtschaft und Kultur zu erwarten sind. Die Autoren liegen in ihrer Einschätzung des „potentiellen Anwenders" sicher richtig, wenn sie auf einen ebenfalls angedachten „Menschenrechtsindikator" im Reisestern aus „Anwenderfreundlichkeit" verzichten, „um die Akzeptanz der Nachhaltigkeitsbilanz nicht zu gefährden" (Becker, Job & Witzel 1997, 142).

Touristen-Wünsche

In der Ökotourismus-Diskussion tauchen die Vorstellungen und Wünsche der Touristen überwiegend in Form von Wunschvorstellungen der Planer und Macher auf. Die Auseinandersetzung mit den tatsächlichen Triebkräften, die Jahr für Jahr Millionen Menschen in Bewegung bringt, spielt in allen genannten Publikationen kaum eine Rolle. Dies ist um so verwunderlicher, als eine Realisierung der zum Ausdruck gebrachten Forderungen ohne die Partizipation der Touristen von Beginn an zum Scheitern verurteilt sein dürfte. Der Sozialwissenschaftler Christoph Hennig erklärt dieses Defizit mit einer immer noch verbreiteten „Strategie sozialer Abgrenzung" („Anti-Tourismus") (Hennig 1997, S. 18). Von Beginn an versuchten die „besseren" Reisenden (Aristokraten, Bürger, Wissenschaftler) ihre exklusiven Territorien vor dem Zutritt der „plebejischen Massen" zu bewahren. Mit derartigen Positionen („Öko-Elite contra Neckermänner") wäre nicht nur das Schicksal des Ökotourismus als Nischenprodukt besiegelt, sondern zugleich sein Ende eingeläutet. Denn bisher seien alle sozialen Abgrenzungsversuche nichts weiter als ein ewiges Rückzugsgefecht gewesen, meint Hennig. Die kritische (!) Auseinandersetzung mit seinen Überlegungen zu „Touristen, Tourismus und Urlaubskultur" könnte der Ökotourismus-Diskussion bei der dringend notwendigen Erweiterung des Betrachtungsrahmens wertvolle Dienste leisten. Der isoliert betriebene Ausbau des lukrativen Nischenprodukts „Öko-Tourismus" würde insgesamt keinen nachhaltigeren Tourismus, sondern lediglich ein Mehr an Tourismus bedeuten. Das aber kann niemand wirklich wollen.

Yörn Kreib
Immelmannweg 38
49088 Osnabrück

Können Touristen die *Natur* retten?

Der Reiseveranstalter TUI diskutiert den Erhalt der Biodiversität durch InWertsetzung

von Wolf Michael Iwand

I.

Jahrzehntelang galt: „Tourismus zerstört..." Bereits 1975 gab Jost Krippendorf seiner schonungslos offenen Tourismusanalyse den brutalen Titel: „Die Landschaftsfresser". Und jetzt kommt der größte Reiseveranstalter Europas und fragt: Können Touristen die Natur retten? Was ist das? Ist das eine Provokation oder blanke Ahnungslosigkeit?

Die internationale Politik ist im März 1997 nach Berlin zur ITB gekommen und hat die „Berliner Erklärung" unterzeichnet. Warum? Weil diese Branche ein ökonomischer Riese ist? Oder weil der Tourismus ein ökologisches Monster ist? Oder weil diese Branche ein Hoffnungsträger ist? Hoffnungsträger wofür?

Die „Berliner Erklärung" ist eine wichtige internationale Initiative auf einem langen Weg. Das „Berliner Programm" vom Herbst 1996, das Leitbild des *Bundesverbandes der Deutschen Tourismuswirtschaft*, ist wichtig. Aber ein Berliner Ereignis vor gut 2 Jahren hat uns in dieser Stadt gelehrt, die Dinge um uns herum neu zu sehen. Christo und Jeanne-Claude haben uns gefordert, unsere Welt, und uns mitten darin, neu zu verstehen, zu streiten und uns dabei die Augen geöffnet. Wer dabei war, weiß, es war wie ein „Naturereignis".

Wir werden Ihnen heute keinen Rechenschaftsbericht geben, kein Aufzählen, Messen, Nachweisen, wieviele Liter Wasser wir gespart oder verschwendet haben, wieviel Müll wir produziert oder vermieden haben, wieviel Transportenergie pro 100 Personenkilometer wir mit welchen Folgen verbraucht haben. Wir wollen heute anbieten, die Dinge neu zu sehen, gemeinsam zu überprüfen, wohin wir wollen und wie wir dieses Ziel erreichen können.

Das ist unser Thema: Das Kapital, das Natur, Landschaft, Biologische Vielfalt für den Tourismus bedeuten. Das ist nicht die altbekannte Redensart, ähnlich dem trivialen Ast, auf dem wir sitzen, und den angeblich keiner absägt; das ist die Ein-Sicht, daß wir mit Kapitalanlagen, mit Kapital-Vermögen, mit Schätzen, mit Werten, mit Gut-Haben ökonomischer, gewinnbringend umgehen müssen. Daß der Tourismus nicht einfach Umweltbeauftragte, sondern Vermögensverwalter oder Anlageberater braucht, die dieses Kapital sichern und mehr daraus machen und Verluste tunlichst vermeiden.

Nicht nur, daß Krippendorfs „Landschaftsfresser" jetzt erst zur Pflichtlektüre werden, 22 Jahre danach. Ein Wort hat mich noch mehr erschreckt. Ein Wort, mit dem ich vor einem Jahr hier auf der ITB konfrontiert wurde: Irreversibilität. Das ist ein Wort wie ein Menetekel. Das klingt so endgültig wie das letzte Signal der Titanic. Das heißt: Unser Kapital, oder Teile davon, gehen unwiederbringlich verloren, unumkehrbar, lost, perdu, ausgerottet. – So die Behauptungen. Erschreckend genug. Was sind die Belege, was die Ursachen, wer die Verursacher?

II.

Der WWF hat sich ein bewundernswertes Mandat gegeben: „Im Auftrag der Natur". Die TUI sagt es pragmatischer: „Im Auftrag unserer Kunden!".

Welche Erwartungen haben Urlauber an die Natur? Jedenfalls haben sie keine an "Biodiversität"! Das ist ein völlig unbekanntes politisches Schlagwort. „Träume vom Paradies" ist hingegen eine ziemlich präzise (!) Definition. Kundennäher ausgedrückt: „3 S" – Sonne, Sand und See! So verächtlich vielfach von den „3 S" gesprochen wird, sie sind genial einfachster Ausdruck für Urlaubs-Sehnsüchte nach Natur: Sonne, Sand und See! Regenwälder, genetische Vielfalt, Öko-Systeme kommen in diesen Träumen nicht vor. Und die Mehrzahl jener Länder mit „Megadiversity" rangiert bisher eher auf den hinteren Plätzen der Touristenstatistik.

So träumerisch der Kunde in seinen Naturerwartungen vor seiner Urlaubsreise ist, so realistisch ist er im Urlaub. Die Kluft zwischen seinen paradiesischen Erwartungen und den realen ökologischen Erfahrungen kann kaum größer sein. Allein dies müßte zu einer unerbittlichen Abstrafung durch die Kunden führen. Aber – Glück für die Paradies-Anbieter – die deutschen Urlauber geben ihren Urlaubsgebieten die überhaupt besten Noten. Im „Deutschen Kundenbarometer" der Deutschen Marketing-Vereinigung erreichen die Urlaubsregionen bei den deutschen Verbrauchern den absoluten Spitzenplatz in Bezug auf die Kundenzufriedenheit. Besser als alle anderen aufgeführten Branchen und Organisationen. Vor den Automobilherstellern, vor Zeitungen, Radio und Fernsehen, vor Computern und Kirchen.

Wer sich auf diesen wohl nur psychologisch erklärbaren Lorbeeren nicht ausruhen will, fragt sich deshalb dennoch: Welche Erwartungen haben Urlauber an Natur und Landschaft?

Das Urlaubsmotiv „intakte Landschaft und Natur", jahrelang auf einem Spitzenplatz der Bedürfnispyramide der deutschen Urlauber, ist bei der Marktforschung in Vergessenheit geraten. Hier ist dringender Forschungsbedarf!

Nebenbemerkung: Glücklicherweise gehen die Urlaubs-Hoteliers (anders als die Marktforscher) mit ihren deutschen Gästen geschickter um: Sie kennen die Bedeutung des Grün-Faktors für die deutschen Urlauber und pflanzen Bäume. Sie lernen von deutschen Gästen die Bedeutung von Tieren im Urlaub –

zum Anfassen. Nichts Exotisches, sondern Vertrautes.

Überraschend ist, daß TUI-Kunden – so unsere eigene Marktforschung – nicht den exotischen Traumzielen die besten Noten für das „Landschaftsbild" geben, sondern den klassischen mediterranen Landschaften: die Küstenlandschaft der südtürkischen Ägäis, die portugiesische Insel Madeira, Elba, Sizilien, die Toskana und der Golf von Neapel, die griechischen Inseln Korfu und Skiathos erhalten Spitzenbenotungen. Als einzige Ferndestinationen werden unter den *Top Ten*-Landschaften von TUI-Urlaubern die Malediven und die Karibikinsel St. Lucia genannt.

Bei unserer eigenen Marktforschung vergessen wir nie, daß Marktforschung unmittelbar beim Kunden anfängt und seiner Zufriedenheit. Wenn wir in die Gesichter unserer Kunden schauen, merken wir, daß unsere Urlauber keine Natur-Heiligen sein wollen, und daß sie Natur nicht auf Zehenspitzen, wie in der Kirche, erleben wollen. Jedenfalls nicht im Urlaub. Auch wenn es um so hehre, quasi-religiöse Ikonen wie Naturerwartungen und Landschaftsbilder geht, sind Kunden-Wünsche nach Genuß, Wohlbefinden, Freisein von Zwängen, nach Sinnlichkeit und fröhlichem Entertainment zu berücksichtigen.

III.

Seit einigen Jahren haben die Urlaubsländer ein neues Tourismus-Konzept entdeckt, den Öko-Tourismus. Klingt scheußlich, ist es aber nicht. Im Gegenteil. Unter „ecotourism" werden heute eine Vielzahl höchst kreativer, naturnaher und gleichzeitig möglichst naturschonender Angebote verstanden. Eine verbindliche Definition gibt es nicht, weder bei den touristischen Newcomer-Ländern, die häufig Entwicklungsländer sind, noch bei den traditionellen Urlaubsländern in Europa, Amerika oder im pazifischen Raum. Alles ist *turismo ecológico, turismo rural, agroturismo, turismo verde.* Und auch wenn – so ein Quellenhinweis, den ich bezweifle – die UNO-Umweltorganisation UNEP das Markt-Volumen des Ökotourismus mit x Millionen Urlaubern und x Milliarden Dollar beziffert, wir sehen Öko-Tourismus bisher eher als ein Nischen-Angebot für kreative Minderheiten. Immer nur für kleine und kleinste Zahlen. Also

Vorsicht vor falschen Propheten, die dies als Zukunftskonzept für den Tourismus insgesamt predigen. Das kann nicht für heute bereits 600 Millionen Urlauber (und im Jahr 2010 ca.1 Milliarde Urlauber) funktionieren. Im Gegenteil: Das wäre ein Desaster! In jedem Fall ist Öko-Tourismus ein zusätzliches Angebot, in der Regel in ökologisch besonders sensiblen Zonen, häufig auch im bisher unberührten Hinterland. Deshalb Vorsicht! Ökotourismus erfordert wesentlich striktere Auflagen und Kontrollen als Tourismus in herkömmlich urbanen Zonen, sonst wird er zur „Büchse der Pandora".

Überraschend viele Urlaubsländer haben heute großflächige Masterpläne und eine geradezu chirurgisch präzise festgelegte Raumordnung. Bis zur vorgeschriebenen Zahl Quadratmeter Grünfläche pro Bett. Planungsfolianten, die ganze Hundertschaften von Landschaftsplanern beschäftigen. Pläne, die – so eindrucksvoll sie sind und so extrem schwierig ihre politische Verabschiedung ist – unserer Erfahrung nach leider dem kommunalen Kompromiß „angepaßt" werden, je nach Erfordernissen der parteipolitischen, juristischen oder touristischen Marktlage. Aber auf ihrer Grundlage kann gestritten werden – durch alle Instanzen.

Ein Ergebnis solcher Raumordnungen ist die Festschreibung von Naturschutzgebieten unterschiedlichen Schutzgrades. Die so definierten Flächen der geschützten Gebiete sind für uns eine touristische Kennziffer von hoher Bedeutung für die Beurteilung der Natur- und Landschaftsqualität von Urlaubsgebieten. Beispielsweise die 40,4% naturgeschützter Flächen auf den Kanaren (Gran Canaria sogar 42,7%) und 39,7% auf den Balearen. Zum Vergleich: Spanien insgesamt 8,4%, die Schweiz 2,7%, Deutschland 11,9%, so die OECD-Statistik.

Ökotourismus-Konzepte und Raumordnungspläne verdienen hohen Respekt und ausdrücklich breite politische Unterstützung. Aber verdeutlichen wir uns auch hier die Realität. Und die heißt nicht, geplante kontrollierte Entwicklung, sondern, bezogen auf die letzten 20 Jahre: explosionsartiges Wachstum (W) der Kontingente und Urlauberzahlen. Die Raumordnung (R) hat demgegenüber zeitlich nicht Schritt halten können. Auch ohne wissenschaftliche Daten wird die Tragfähigkeit (T) der Urlaubsgebiete (allein im Hinblick auf die Bereitstellung adäquater Infrastrukturen innerhalb desselben Zeitraumes) als überlastet angesehen werden müssen. Kritische Analysen lassen durchaus den Schluß einer zunehmenden „Entwertung" (V = Verlust) bei weiter zunehmendem Wachstum zu. Um im Bild zu bleiben: Wir hätten es mit einer ständigen und zunehmenden Inflationsrate unserer Kapitalanlagen an Natur und Landschaft zu tun.

Nochmals: Die vielfältigen Maßnahmen der Urlaubsländer zu einer planvollen Entwicklung, die hier in aller Regel leider völlig unbekannt sind, verdienen höchste Aufmerksamkeit und Unterstützung. Aber solange die „Carrying Capacity" eines jeden Urlaubsgebietes nicht definitiv festgeschrieben ist, politisch durchgesetzt und strikt kontrolliert wird, solange werden die Folgen des touristischen Wachstums nicht zu „übersehen" sein.

Es gibt einige wenige, ermutigende Ausnahmen! Daß Namibia sich mit 650.000 Urlaubern pro Jahr ein striktes Limit gesetzt hat, daß die Seychellen sich strikt auf 4.000 touristische Betten festgelegt haben oder die Malediven nur 20% der Fläche einer Urlaubsinsel zur Bebauung freigeben, sind außerordentliche Vorbilder.

IV.

Wie geht die TUI mit den Kundenerwartungen und mit den Folgen touristischer „Explosion" für den Kapitalfaktor Natur und Landschaft um? Ich wiederhole: Dies ist heute kein Rechenschaftsbericht über gute Taten. Aber ich will an einigen Beispielen demonstrieren, wo und wie wir handeln. Ist-Beschreibungen (an Beispielen), zum Soll kommen wir danach.

Die Bereitschaft unserer Kunden, einen persönlichen Beitrag zu leisten, ist groß. Zum Beispiel Bäume zu pflanzen in ihrem Urlaubsland. Unabhängig von unseren Kunden haben wir lernen müssen, daß es in südlichen Ländern eine auffällige Entwicklung von Wasserknappheit, Bodenerosion, Waldbränden und Wüstenbildung gibt. Unser TUI-Service vor Ort hat – gemeinsam mit unseren Agenturen – mit großem, auch sehr persönlichem Engagement Aufforstungsprojekte in Angriff genommen, in einer zunehmenden Zahl von Destinationen. Unsere Gäste machen mit – und lernen dabei. Wir lernen dabei, auch den Zusammenhang mit Ökosystemen, wie z. B. erst jüngst von Mangrovenwäldern.

Bei unserem Robinson Club *Baobab* in Kenia sind nur 10% der Grundstücksfläche bebaut, 90% ist völlig naturbelassener, einzigartiger Küstenurwald. Ein Beispiel für naturverträglichen „land use". Auf nahezu allen anderen Nachbar-Grundstücken sind dagegen die Böden weitgehend versiegelt.

Auf der Insel Phuket in Thailand wurde vor Jahren Zinn abgebaut, die Landschaft zerstört und vergiftet. Heute steht dort eines der bemerkenswertesten Tourismus-Projekte: Das Phuket Laguna Project. Die Natur zurückgewonnen. Die Anpflanzungen werden mit jedem Jahr üppiger.

Ampflwang, in Österreich, nahe Salzburg, war vor wenigen Jahren noch Braunkohlerevier im Tagebau. Als die Erde ausgebeutet war und nichts mehr hergab – hohe Arbeitslosigkeit und Landflucht. Heute ein Robinson Club mit Wald und Wiesen, Reiten und Golf. Und Arbeitsplätzen und Einkommen für die Bevölkerung. Ein weiteres Beispiel für die Renaturierung großer Flächen.

Sie alle kennen die Problematik der Meeresschildkröten *Caretta caretta*. Sie wissen, daß wir uns trotz wirtschaftlicher Verluste von den Stränden von Laganas, an der Südküste der griechischen Insel Zakynthos zurückgezogen haben, um ein Vorbild zu geben. Andere deutsche Veranstalter haben ihre Kontingente dort erhöht und werben mit den Schildkröten. Wir sind bewußt an andere Standorte der Insel gegangen und setzen uns von dort gemeinsam mit griechischen Umweltverbänden für die Errichtung eines Meeres-Nationalparks (National Marine Park Zakynthos NMPZ) ein. Bisher erfolglos. Auch heute ein erneuter Appell an das Umweltministerium in Athen, hier endlich Fakten zu schaffen, zum Schutz der Schildkröten und für das „einzigartige" Kapital dieser Insel. Erst dann kehren wir nach Laganas zurück.

Dort wo an anderen Stellen in der Welt die *Caretta caretta* ihre Eier in unmittelbarer Nachbarschaft unserer Beteiligungs-Hotels ablegt, tragen wir selbst unmittelbar zum Artenschutz bei. Unter großer Beteiligung unserer Gäste und mit wissenschaftlicher Begleitung von Meeresbiologen.

1989 hat die Frankfurter Zoologische Gesellschaft ein komplettes Natur-Inventar des Robinson Clubs in Kenia vorgenommen. Der Kolobo-Affe zählte zu einer der seltensten Spezies. In seinem geschützten Robinson Club-Umfeld hat er sich so vermehrt, daß wir nun erneut die Hilfe von wissenschaftlichen Experten in Anspruch nehmen.

Das Wappentier von Fuerteventura ist die kanarische Kragentrappe *Chlamydotis undulata fuertaventurae* – vom Aussterben bedroht. Gemeinsam mit der *Stiftung Europäisches Naturerbe* läuft dort ein Artenschutzprojekt. Ähnliches gilt – gemeinsam mit Euronatur – für Überlegungen zur Wiederansiedlung der extrem bedrohten Mönchsrobbe – mit Unterstützung unserer Partner von den RIU Hotels, oder für den Erhalt des seltenen Eleonorenfalken auf Kreta durch unsere Partner von GRECOTEL.

Die massive Zunahme des Tauch- und Bade-Tourismus an den Küsten des Roten Meeres ist ein typisches Beispiel für fast unmittelbare Schäden im gesamten Ökosystem. Die TUI investiert zur Zeit in Ägypten in unsere touristischen Beteiligungen. Aber nicht nur deshalb muß es unser Interesse sein, weiteren Schäden vorzubeugen. Glücklicherweise ist die Ägyptische Umweltbehörde EEAA *Egyptian Environmental Affairs Agency* in dieser Frage hochsensibel, es gibt vor Ort renommierte Experten, und unsere Partner, die Agentur Travco Travel, arbeitet eng mit ihnen zusammen. Wir werden in diesem Jahr die wissenschaftlichen Ergebnisse der deutschen Sektion im International Year of the Reef hautnah verfolgen, um daraus geeignete Maßnahmen für den neuen Robinson Club oder für unsere Iberotels in Ägypten zu entwickeln.

Geradezu mit Enthusiasmus haben wir Ausflugsprogramme zum *Whale Watching* eingeführt. Und bei der enormen Resonanz bei unseren Kunden gemerkt, wie groß das Natur-Interesse ist. Aber als wir merkten, daß die boomartige Zunahme solcher Ausflugsprogramme eine Gefährdung für Wale, Delphine und deren Lebensraum darstellten, haben wir uns konsequent wieder zurückgezogen, bis vernünftige, wirksame Kontrollmechanismen greifen.

Wir kommunizieren dies auch unseren Gästen wie auf diesem Poster von Ultramar Express in der Dominikanischen Republik. Und wir versuchen immer, Experten zu finden, die uns helfen, komplizierte Ökologische Zusammenhänge rechtzeitig vorbeugend zu berücksichtigen. Wie auch im Süden von Teneriffa, mit Hilfe des Forschungsbootes „Aldebaran" und Frank Schweikert und seiner Experten-Crew von Meeresbiologen.

V.

Das waren in Stichworten einige knappe Beispiele aus der Vielfalt unserer Arbeit. Die Beispiele lassen sich leicht erweitern. Was ist aus Ihrer Sicht der Stand? Sind wir auf dem richtigen Weg?

Ich will einer Frage bewußt nicht ausweichen, die immer wieder auftaucht wie das Ungeheuer von Loch Ness: Gibt es „zuviel" Urlaubsreisen? Müssen Fernreisen verboten werden? „Verzicht" ist für mich kein Tabuwort; natürlich Verzicht; Verzicht auf Umweltbelastungen! Die Forderung nach Verzicht von Urlaubsreisen hingegen ist für mich: Mangel an Phantasie! Mangel an der

Bereitschaft zur systematischen Verbesserung der Effizienz, Mangel an der Entwicklung vergleichbarer Handlungsalternativen, Mangel an Verantwortung gegenüber unseren Verpflichtungen innerhalb einer internationalen Arbeitsteilung, Mangel gegenüber dem Selbstbestimmungsrecht zu wirtschaftlicher Entwicklung besonders in jenen kleinen Fernen Ländern, die auf Tourismus zwingend angewiesen sind, Mangel an Verantwortung und Solidarität gegenüber den Menschen (den „local communities"!) in den Urlaubsländern. Aber ich denke auch Mangel an Respekt gegenüber der großen Mehrheit der Menschen hierzulande, die Urlaub und Reisefreiheit als ihre verfassungsmäßigen Rechte verstehen. Deshalb möchte ich Ihnen Perspektiven aufzeigen, mit denen wir unser Kapital, unser Vermögen, unsere Naturschätze besser schützen und gewinnbringender nutzen, um Natur und Landschaft zu bewahren, zu Gunsten der Menschen in den Urlaubsländern.

Was haben der Kölner Dom und die Galapagos-Inseln gemeinsam? Beide sind Beispiele für das „Welterbe der Menschheit". 1972 hat die UNESCO die Welterbe-Konvention zum Schutz der universell einzigartigen Kultur- und Naturgüter angenommen. Wußten Sie, daß von den sieben Weltwundern der Antike nur noch eines, die Pyramiden von Gizeh, übriggeblieben ist!? Heute zählen 506 Stätten zu diesem Welterbe.

Das Logo des UNESCO-Welterbes zeigt das Quadrat als Ebenmaß kultureller Formung, der Kreis darum bedeutet die Natur. Das Emblem ist rund wie unser Planet und zugleich ein Symbol des Schutzes! Neben 380 Weltkulturgütern gibt es das „Weltnaturerbe" mit 108 einzigartigen Naturschätzen. Der Grand Canyon, das Great Barrier Reef, die Serengeti mit Kilimandjaro und Ngorongoro, das Donau-Delta gehören dazu. Seit 1993 werden auch universell einzigartige Kultur-Landschaften in das Welterbe der Menschheit aufgenommen, wie das Landschaftsensemble von Potsdam und Sanssouci oder der Nationalpark um den Ayers Rock in Australien.

Wann haben Sie zuletzt mit persönlicher Überzeugung von Einmaligkeit im Tourismus gesprochen oder von außergewöhnlicher Schönheit? Wann haben Sie zuletzt die Worte unique, outstanding, exceptional gebraucht? Dies genau sind die Kriterien für die Superlative, die Kronjuwelen des Welterbes der Menschheit! Die Coto Doñana in Andalusien, die Everglades in Florida, der Yosemite-National Park, der Lorbeerwald von La Gomera. Beispiele außergewöhnlicher Schönheit der Natur!

Die Welterbe-Konvention stellt den Schutz und die Bewahrung dieser einzigartigen Natur-Zeugen in den Mittelpunkt. Sollten wir sie also touristisch promoten? Damit würden wir aber doch zusätzlichen Druck durch Urlauber und Besucher erzeugen? Die Frage ist von höchster Dringlichkeit, denn es gibt auch eine „Rote Liste", in der bereits eine ganze Anzahl von Weltnaturgütern eingetragen sind, die mit höchster Alarmstufe der Rettung bedürfen. Erstaunlicherweise zählen der Yellowstone-Nationalpark und die Everglades in Florida zu diesen im höchsten Maße gefährdeten Welterbestätten. Trotz eines jährlichen Budgets von 13 Millionen Dollar und 230 Fulltime-Angestellten sterben die Everglades. Nicht wegen des Tourismus. Wegen des enormen Bevölkerungsdrucks und der Siedlungs- und Verkehrsdichte in Floridas Süden und des enormen Wasserverbrauchs durch Bevölkerung und Landwirtschaft.

Stellt sich bei solchen Lagen nicht die Frage: *Können Touristen die Natur retten?*

VI.

Die zweite Perspektive. Wieder von der UNESCO ins Leben gerufen. Drei Buchstaben MAB und das symbolische Zeichen der Wiedergeburt bezeichnen das UNESCO-Programm „Der Mensch und die Biosphäre". 1976 gegründet gibt es heute 337 Biosphären-Reservate in 85 Staaten, die sich den Erhalt der biologischen Vielfalt bei gleichzeitiger Förderung der wirtschaftlichen Entwicklung der lokalen Bevölkerung zum Ziel gesetzt haben. Naturschutz und wirtschaftliche Entwicklung unter Wahrung der spezifischen kulturellen Werte einer solchen Region. Mensch und Natur gemeinsam, gerecht und ausgewogen. Vereinbar wird dies durch die Einteilung in mehrere Zonen, das sogenannte Zoning. Kernzone, Pufferzone und Entwicklungsraum. Feststeht, was wo zu schützen ist und wo gewirtschaftet werden soll. Schutz nicht nur vor dem Menschen, sondern gleichrangig Entwicklung dieser Gebiete für den Menschen.

Überraschenderweise stehen 40 Biosphärenreservate auch in der Liste der universellen „Welterbe-Güter" der Menschheit. Hier treffen sich also die Bewahrung der Schönheit und die Entwicklung der Vielfalt durch den Menschen. Touristisch gesehen fallen uns wieder die Everglades und der Yellowstone, die Coto Doñana und die Serengeti auf. Sie sehen, wir kreisen auf diese Art Gebiete ein, wo Naturschutzinteressen und das Interesse an touristischer Entwicklung zur Deckung gebracht werden können. Modell-Regionen!

Zwei Biosphärenreservate sind uns seit längerem aufgefallen. Wegen ihrer Spitzenwerte für die Umweltsituation in der Bewertung durch unsere Kunden: Lanzarote und Menorca. Beide Inseln werden überwiegend touristisch genutzt. Beide Inseln sind seit 1993 komplett als UNESCO-Biosphärenreservate anerkannt. Beide Inseln beschäftigen sich intensiv mit Formen eines integrierten Managements von Naturschutz und vielfältiger nachhaltiger Entwicklung. Beide Inseln sind aus unserer Sicht Vorbildlandschaften und für uns Modellregionen.

Daß Lanzarote innerhalb der Kanarischen Inseln ein Erfolgsmodell ist, ist seit César Manrique bekannt. Aber auch zur Erinnerung: es soll überregionale Überlegungen gegeben haben, Lanzarote als zentrale Müllinsel zu nutzen. Was für eine Karriere!

Daß Menorca das höchste Pro-Kopf-Einkommen Spaniens haben soll, habe ich erst jetzt gelesen. Wenn dies tatsächlich zuträfe, was wäre dies für ein Beweis für die Effizienz des MAB-Programms. Eben haben wir die menorquinische Umweltorganisation GOB für ihr nachhaltiges kritisches Engagement bei der Entwicklung Menorcas als

Biosphärenreservat mit dem Internationalen TUI-Umweltpreis ausgezeichnet.

Ich will Ihnen ein anderes, sehr anschauliches Beispiel geben: die kanarische Insel La Gomera. Kein Biosphärenreservat, aber gesegnet mit einem jener einzigartigen Naturschätze außergewöhnlicher Schönheit. Deshalb zählt der Lorbeerwald La Garajonay zu den Weltnaturgütern der Menschheit. Das Wandern in diesem als Nationalpark geschützten Gebiet ist die Hauptattraktion für unsere Kunden auf La Gomera. TUI ist dort der größte Reiseveranstalter.

Als die Inselregierung von La Gomera zusammen mit den regionalen und nationalen Behörden den Bau eines Flughafens realisierten, haben wir dies öffentlich als „Todsünde" bezeichnet. Erinnern Sie sich, Welterbegüter gehören der Menschheit! Und wir haben vorgeschlagen, daß La Gomera sich ähnlich dem Erfolgsmodell von Lanzarote um die Anerkennung als UNESCO-Biosphärenreservat bemüht: Als „reserva de la biosfera". Und die Folgen des Flughafenbaus für das Naturerbe und für die nachhaltige Entwicklung der Insel – im Sinne einer Kosten-Nutzen-Analyse – überprüft. Unser Vorschlag wurde aufgenommen. Ein Ausschuß gegründet... Wir sind seitdem keinen Schritt weitergekommen. Aber wir haben unseren Vorschlag bis heute nicht aufgegeben und werben weiter um Verbündete für das Biosphärenreservat La Gomera.

VII.

Die dritte Perspektive, oder: der dritte „Heroe" nach der „Schönheit" und der „Vielfalt", nun die „Kompetenz".

Die IUCN, 1948 gegründet als *International Union for the Conservation of Nature*, heute moderner „The World Conservation Union", ist die internationale NGO, Nichtregierungsorganisation, für den weltweiten Naturschutz. Die IUCN hat mehr als 770 Mitglieds-Organisationen, Spezialisten, Experten in 123 Ländern. Engstens mit ihr verbündet ist der WWF. So richtig aufgefallen ist uns die IUCN erst vor kurzem. Wir lernen dazu! Aber die Internationale der Naturschützer lernt auch dazu. Erst kürzlich forderte der Generaldirektor der IUCN, David McDowell, energisch:

„Let's talk economics! Wir Naturschützer müssen lernen, ökonomisch zu denken! Wir müssen die Sprache und die Argumente der Wirtschaft lernen!" Und er stellte einen Chef-Ökonomen ein, der Kosten-Nutzen-Berechnungen für Natur, Landschaft und Biologische Vielfalt vorlegt. Höchst bemerkenswert und zukunftsweisend.

Die IUCN bringt Staaten, Regierungsorganisationen und NGOs zusammen; sie mobilisiert alle Beteiligten und bringt die anerkannte Experten an den Tisch. Eine ungeahnte Kompetenz und weltweit reichende Beziehungen. Eine neue Überraschung. Die IUCN arbeitet eng mit dem Weltnetz der Welterbegüter und mit dem Weltnetz der MAB-

Biosphärenreservate zusammen. Bei der IUCN finden wir gewissermaßen die Vernetzung von Netzwerken.

Einen ähnlich unschätzbaren Einfluß müssen wir dem WWF und seiner Naturschutz-Arbeit „vor Ort" zuschreiben. Internationale Kampagnen - wie jetzt „The Living Planet" mit den Themen Wald, Fischerei, Klima – von größter Reichweite, ohne ideologische Scheuklappen. Der Forestry Stewardship Council für eine nachhaltige Forstwirtschaft und der Marine Stewardship Council für eine nachhaltige Nutzung durch die Fischerei sind zukunftsweisend als Entwicklungsmodelle stark umweltbelastender Branchen.

Eng verknüpft mit der Arbeit der IUCN sind neben der UNESCO auch UNEP, die UNO-Umweltorganisation und UNDP, die UNO-Entwicklungsorganisation. Aber Sie müssen keineswegs bis zur UNO laufen. In Bonn, beim Bundesamt für Naturschutz, der Schwesterorganisation des Umweltbundesamtes, laufen viele dieser internationalen Netzwerkkontakte zusammen. Und deshalb – kein Wunder – hier beim Bundesamt für Naturschutz können Sie z. B. auch die Entwicklung und Vorbereitung der „Berliner Erklärung" bis zu ihrem erfolgreichen Abschluß in Berlin, anläßlich der ITB, verfolgen.

Ein globales Netzwerk eindrucksvoller Kompetenz! Der gemeinsame Nenner mit dem Tourismus wird eigentlich jetzt erst möglich. Durch die ökonomische Einsicht des "Schützen durch Nützen!". Jetzt kann es über den Dialog hinaus zu Kooperation und Partnerschaft kommen. Bei der Zusammenarbeit mit den „richtigen" Experten und bei der „richtigen" Auswahl von Maßnahmen zur nachhaltigen Nutzung.

Beispiel: Was tun? Bei der Kampagne zum Schutz der Meeresschildkröten von Dalyan ist die dort lebende wesentlich gefährdetere Nil-Weichschildkröte aus meiner Sicht völlig übersehen worden. Für sie gab es keine Naturschutz-Lobby! Und das Urlaubshotel, das am Strand von Iztuzu, nahe Dalyan, unter dem Beifall der Naturschützer und weltweiter Medien verhindert wurde, hat dadurch Platz geschaffen für eine vieltausendfache Wochenendinvasion, die die Zerstörung des Ökosystems um ein Vielfaches beschleunigt hat. Ein Beispiel, auf das niemand stolz sein sollte.

Dagegen: Schützen durch nachhaltige Nutzung! Aus meiner Sicht ein höchst sinnvolles Konzept für Tourismuswirtschaft und Naturschützer. Der Weg dorthin könnte heißen: *Public Private Partnership*.

Das gilt umso mehr, wenn wir vom globalen Netzwerk wieder zur lokalen Basis zurückkehren. Dort sind unsere Kunden, dort sind unsere Partner: Hoteliers, Behörden, Agenturen, lokale Umweltschützer, die lokale Bevölkerung, die „local community".

Die globale Perspektive ist seit Rio (UNCED 1992) in der Agenda 21 und in der Konvention über Biologische Vielfalt als Auftrag festgeschrieben. (Ich frage mich, ob diese Dokumente in der Tourismuswirtschaft nicht intensiver zur Kenntnis genommen werden sollten?) Wir werden uns mit Hilfe einer Organisation wie der IUCN diesem globalen Auftrag umso besser nähern könen.

Andererseits werden wir unsere erfolgreiche und vertrauensvolle Zusammenarbeit mit unseren Partnern und mit den Umweltverbänden vor allem vor Ort durchführen, ob mit der Stiftung Europäisches Naturerbe, der Sea Turtle

Protection Society (STPS) in Griechenland, dem GOB auf den Balearen oder Friends of the Earth und über 50 Umweltgruppen in unseren Destinationen.

Public Private Partnership - auch wenn wir uns über Zielsetzungen und Umsetzungen streiten müssen.

VIII.

Und jetzt kommt der „Showdown": Who pays? Wer bezahlt?

In solch einem Fall ist es klar: der Verursacher zahlt! (Mindestens dort, wo das *Polluter Pays Principle* festgeschrieben ist). Das gilt natürlich nicht nur für die anderen Branchen – auch für den Tourismus! Zum Beispiel: Paragraph 8 BNatSchG regelt nach einem Eingriff in die Natur den entsprechenden Ausgleich: Kompensation durch Ersatzmaßnahmen.

Als das britische Kreuzfahrtschiff *Royal Viking Sun* vor der ägyptischen Sinai-Küste eine 104 Meter lange und 2,3 Meter tiefe Spur der Verwüstung in den Korallen des Ras Mohamed-Marine-Nationalparks hinterließ, legten die ägyptischen Behörden das Schiff sofort an die Kette und forderten 23,5 Millionen US-Dollar Schadenersatz, 15.000 DM pro Kubikmeter Korallenriff!

Erst kürzlich war zu lesen, daß allein zur Sanierung des Straßennetzes in den amerikanischen Nationalparks Sponsoren gesucht werden, um eine Finanzierungs-Lücke von 7,5 Milliarden DM zu schließen. Ich wage nicht, mir den Finanzierungsbedarf für alle Urlaubsländer nur zur Sicherung des Status Quo von Natur, Landschaft und Biologischer Vielfalt vorzustellen.

Aber eines muß deutlich werden: Hier geht es nicht um „Peanuts"! Hier geht es um Finanzierung im großen Stil. Big Money ist gefragt. Mit Wohlfahrtsmarken, Umweltgroschen, Umweltpreisen, Öko-Sponsoring, Benefiz-Aktionen wird es in Zukunft nicht getan sein. Bei größtem Respekt und uneingeschränkter Anerkennung für die Spender (wie z.B. der Europäischen Reiseversicherung, der Deutschen Bahn, Lufthansa oder DER). Und ich weiß, jeder Groschen ist willkommen und wird benötigt.

Zu Anfang hatte ich Vermögensverwalter und Anlageberater für unser Kapital an Natur gefordert, jetzt merken wir, daß wir Banken, Versicherungen, Lotteriegesellschaften, Regierungen insgesamt brauchen, um Finanzierungsstrategien zur Kapitalsicherung zu entwickeln.

Glücklicherweise gibt es bereits ein beeindruckendes Know-how bei Banken und Versicherungen. Weil sie viel früher und sorgfältiger Risiken beurteilen – und vermeiden wollen.

Im Jahr 1996 alleine entstanden durch Naturkatastrophen Schäden von über 60 Milliarden US Dollar. Die großen Banken und Versicherungsgesellschaften haben längst international hoch renommierte Experten für die Bewertung ökologischer Risiken in ihren Reihen.

Erfreulicherweise gibt es bereits entwicklungspolitisch hochinteressante, innovative Instrumente auf den internationalen Finanzmärkten, wie die Debt-for-Nature Swaps, z. B. mit Costa Rica, Ecuador oder Bolivien. Sehr vereinfacht: Schulden-Titel gegenüber einem Gläubiger werden gegen verbriefte Naturschutz-Maßnahmen des Schuldnerlandes getauscht. Auffällig häufig sind es die Niederlande, die hier fortschrittlich und konsequent internationale Finanzierungsprogramme für Naturschutz angehen. „Modell Holland", wie die Wirtschaftswoche gerade schrieb, könnte gerade auch hier gelten.

Oder Beispiel Bali. Japan hilft Bali mit Darlehen in Höhe von 130 Millionen DM zum Schutz der balinesischen Ferienküste – im Interesse japanischer Urlauber!

Ich bin kein Banker. Aber ich sehe nicht, wie wir an der zentralen Frage, „Who pays?" vorbeikommen! Wir sollten unsere Haus-Banken und Versicherungen in den Urlaubsländern schleunigst in solche Überlegungen miteinbeziehen!

Der maledivische Staatspräsident hat vor 3 Wochen auf einer WTO-Asien-Pazifik-Ministerkonferenz in Malé (16.2.1997) eine einprägsame Rechnung präsentiert: Auf den Malediven erzielt ein Fischer auf dem Fischmarkt für einen Hai etwa 32 US-Dollar. Ein Hai als Attraktion für Tauchtouristen – in einem seit 1995 geschützten Unterwasserrevier im Ari Atoll – erwirtschaftet für die Malediven einen Wert von 33.500 US-Dollar pro Jahr. Das Tausendfache in einem Jahr! Ein Hai! Eine Gruppe von dort lebenden Haien bringt so berechnet etwa eine dreiviertel Million US-Dollar pro Jahr in die Kasse der Malediven.

Genau auf diese Art von nachhaltiger Finanzierung will ich hinaus! Das Konzept heißt „InWertsetzung". Und um den finanziellen Gegenwert von Natur soll es dabei gehen. Warum eigentlich immer nur Preis-wert? Warum nicht „Natur-wert", wenn es gewinnbringender ist?

Beispiel: Wenn das *Whale watching* durch Touristen heute schon mehr Einnahmen einbringt als der Walfang, dann rechnet sich diese touristische „InWertsetzung". Was für die Wale gilt, gilt für afrikanische Elefanten oder Nashörner oder sibirische Tiger ebenso.

Es geht also bei der „InWertsetzung" um die Einrichtung, das Management und die Kontrolle von nachhaltigen Nutzungskonzepten, um dauerhaft mehr Einnahmen zu erzielen und dauerhafte ökonomische Verluste zu vermeiden. Um diese „InWertsetzung" von Natur, Landschaft, biologischer Vielfalt zu ermöglichen, müssen allerdings von den Deviseneinnahmen der Urlaubsländer definitiv und kontinuierlich ausreichende Finanzmittel für Naturschutzkonzepte eingesetzt werden. Für Natur, nicht für gigantische, oftmals geradezu absurde Straßenbauprojekte in idyllischen Urlaubslandschaften.

Wenn wir einmal derart weit wären in einer pro-aktiven Kapitalsicherung würden wir schnell erkennen, daß die Tourismuswirtschaft selbst – als *Stakeholder* – Interessenpolitik in eigener Sache in den Urlaubsländern und bei internationalen Institutionen betreiben muß. Die unaufhaltsam voranschreitende Entwaldung in den Tropischen Regenwaldländern, auch im Ökotourismus-Land Costa Rica, oder naheliegender:

die permanent gefährdete Meerwasserqualität in Ostsee, Nordsee oder im Mittelmeer müssen wir gegen die Interessenpolitik und Handlungsweisen anderer Branchen verteidigen. Wir sind mehr als alle anderen Branchen auf den Schutz und den Erhalt intakter Natur und Landschaft angewiesen.

IX.

Es gibt einen Aspekt, der bei allen Kapitalisierungsstrategien zum Schutz von Natur und Landschaft mittels Nutzungskonzepten für den Tourismus, nicht übersehen werden darf. Es gibt – wie fast überall – Konkurrenz! Und zwar höchst lebendige, innovative und erfolgreiche Konkurrenz. Ich meine die modernen Freizeit-Parks bis hin zu künstlichen Erlebnis-Welten unter der Glaskuppel. Subtropische Bade-Paradiese, die die Natur täuschend echt kopieren. Möglicherweise werden sie sogar von Urlaubern als besser als die Natur selbst erlebt. Sie sind ungefährlich, aufgeräumt, sauber, hygienisch, zugänglich. Natur ist dort anfaßbar. Eintritt erwünscht – und nicht verboten! Die Frage heißt nicht nur: „Zurück zur Natur oder Fun, Action und Mega-Events?" (so ein Forschungs-Seminar der Thomas-Morus-Akademie), sondern welches Natur-Erlebnis ist das intensivere, sinnlichere, genußvollere, unterhaltendere? Das Original oder die Kopie?

Beispiel: Loro Parque auf Teneriffa. In den beiden letzten Jahren jeweils weit mehr als eine Million Besucher, jeweils weit mehr als 35 Millionen DM Einnahmen pro Jahr. Ein Naturerlebnis der ganz besonderen Art: die größte Papageiensammlung der Welt, Erhaltungsprogramme aussterbender Arten, hochprofessionelles Besucher-Management und unmittelbare Begegnung mit exotischen Tieren und Pflanzen. Ein Hai-Aquarium, daß einem der Atem stockt.

Beispiel: Swarovski Kristallwelten in Tirol, Österreich. Eröffnung vor 1½ Jahren. Nähert sich der ersten Million Gäste. 4,5 Millionen DM Einnahmen. Gestaltet von dem früheren „Tourismusbeschimpfer" André Heller. Sechs „Wunderkammern", wie der Kristalldom. Natur und Technik werden ästhetisch und emotional verschmolzen. „Künstlich" muß hier heißen: „künstlerisch". Das sind nicht Natur-Surrogate, sondern moderne Natur-Märchen! Gemanagt von einem Team anerkannt erfahrener, prominenter Touristiker.

Beispiel: Seagaia in Japan. Hören Sie sich die Marketing-Philosophie an: „Seagaia – the name of a true paradise; a place where we can feel that we are part of nature. The goal is to create a resort where humans can appreciate nature". Die uns ans Herz gewachsene Meeresschildkröte ist das offizielle Maskottchen von Seagaia. Mittelpunkt ist der „Ocean Dome". Daneben ein 45-Etagen-Hotel. Meisterhafter Golfplatz. Ein „Adventure Theatre", von dem Seagaia sagt: „A sci-fi film will make you scream with delight and excitement". Hier wird den Kunden ins Gesicht geschaut, um sie zu „gewinnen"!

Sie sehen: Der Wettbewerb mit „inWertgesetzter" Natur, künstlich oder künstlerisch, wild oder aufgeräumt, ist in vollem Gang. Der eher ideologische Streit, ob Naturschutzgebiete oder Nationalparke privat bewirtschaftet werden sollten, mit der Gefahr der Kommerzialisierung, kann m. E. beinahe nur zu Lasten der Natur ausgehen: „Ohne Moos nix los!" Jetzt ist der Chef-Volkswirt der IUCN gefragt! Man sei sich im Klaren: Bei leeren öffentlichen Kassen müssen private Einnahmen den Naturschutz sichern – oder wir verlieren die Natur!

Der Wettbewerb in der „InWertsetzung" von Natur hat durchaus sein Gutes:

1. Er zeigt Erfolgsstrategien des „private sector" zum Nachmachen.
2. Er vergrößert das Interesse von Urlaubern und Besuchern an Natur.
3. Er sorgt für eine ökologische Entlastung von solchen wertvollen Naturräumen, die definitiv Schutzzonen bleiben müssen.

X.

Seagaia – und allen anderen ähnlichen „Unterhaltungsfabriken" – zum Trotz, die Natur ist das Kapital des Tourismus, die Landschaften dieser Erde, der Reichtum an Naturschätzen. Ohne jeden Zweifel: Unsere Kunden stellen dies in den Mittelpunkt ihrer Träume, Phantasien und Sehnsüchte. Und wir haben keinen Anlaß, die Erfüllung von Träumen Hollywood zu überlassen. Auch nicht Steven Spielberg, der mit seinem Dino-Film „Jurassic Park" allein in den USA bisher 360 Millionen Dollar einspielte, und sich jetzt – so eine Meldung – für den Tourismus interessiert.

Unsere Urlaubsländer entwickeln zunehmend Konzepte des Naturschutzes. Die Bevölkerung in den Urlaubsländern nimmt zunehmend Anteil und Einfluß auf nachhaltige Formen des Umgangs mit der Natur.

Ich habe Ihnen Perspektiven gezeigt, mit welchen Programmen und mit welchen Partnern sich „Modell-Regionen" entwickeln lassen. Gewinnbringende Perspektiven. Denken Sie an Menorca, an den maledivischen Hai oder an die kanarischen Delphine. Aber solange die Geschwindigkeit der touristischen Entwicklung anhält, so schnell müssen wir ökonomische Wege finden, das Naturkapital des Tourismus zu sichern. Zum Beispiel durch eine konsequent und kontinuierlich finanzierte „InWertsetzung".

Unsere Vision ist klar. Den Mut zu Visionen nehmen wir nicht aus der Perspektive der ökologischen Apokalypse, sondern aus der Einsicht in die schöpferische Kraft des Eigennutzes. Wie bei Christo, dem Künstler! Nicht der netten Umwelt zuliebe, sondern uns selbst, den Menschen, zuliebe!

„Return to Nature" könnte ein romantisches, irisches Volkslied heißen! „Return on Nature" heißt, wir erwarten eine Verzinsung für unser vernünftig (wise use) verwaltetes Natur-Kapital. Naturverträglichkeit durch Wirtschaftsverträglichkeit. Dadurch erreichen wir „Return of Nature"!

Versuchen wir es mit einer Hypothese, die uns stark machen kann – wenn es wirklich darauf ankommt, wenn es gilt, einen Bill Gates zu schlagen – im globalen Wettbewerb der Wirtschaftsbranchen:

$$N + W < \Sigma...^n$$

Keine Angst vor „großen" Buchstaben! Das sieht kompliziert aus, ist aber ganz einfach:

1. Das „Naturerhaltungspotential" (N) des Tourismus ist größer als bei allen anderen Branchen.
2. Das „Wertschöpfungspotential" (W) des Tourismus ist größer als bei allen anderen Branchen.
3. Das Ergebnis ($\Sigma...^n$) ist größer als die Summe aus Naturerhaltung und Wertschöpfung.

Das Sigma (Σ) steht symbolisch für die „Natur"-Wissenschaften. Den/die Summanden habe ich bewußt noch nicht bezeichnet. Das Ergebnis könnte nachhaltige Tourismusentwicklung heißen, Wandel, nachhaltige Nutzung, Partizipation und – Zukunft! Naturerhaltung bei gleichzeitiger Wertschöpfung – trotz aller Abzüge von „Schadschöpfungen" – muß Nachhaltigkeit (n) im Ergebnis zeigen!

Klingt das zu sehr nach Hypothese? Der Beweis hängt von unserem Selbstverständnis ab, von unserem Anspruch. Welche Mission haben wir? Ich höre immer wieder:

- Tourismus, der größte Arbeitgeber der Welt,
- Tourismus, der größte Wirtschaftszweig der Welt,
- die größte Tourismusmesse der Welt,
- der Weltmeister im Reisen,
- der Weltmeister im Umweltschutz...

Nur Superlative! Aber, was ist die „Mission" des Tourismus? Größe allein reicht nicht aus. Das haben wir längst für unser Unternehmen gelernt. Wenn ich das Potential von Naturerhaltung und Wertschöpfung zum Maßstab nehme, dann, so denke ich, hat Tourismus das Potential, die bessere Alternative für die Zukunft, für eine notwendige nachhaltige Entwicklung zu sein.

Ich kann leider nicht singen und Gitarre spielen wie Sting, der englische Popsänger, um etwas für den brasilianischen Regenwald zu tun. Aber wir müssen die Aufgabe, die Natur für uns, für den Tourismus zu schützen, nicht den „Artists United for Nature" überlassen.

Warum kann es nicht heißen: „Tourism United for Nature"? Ich weiß, die TUI ist dabei!

Grundlage dieses Beitrags ist die Rede des Autors zur Präsentation „Können Touristen die *Natur* retten?", die die TUI zur Internationalen Tourismus-Börse (ITB) 1997 in Berlin zeigte.

Dr. Wolf Michael Iwand

TUI, Direktor – Leiter Umwelt
Karl-Wiechert-Allee 23
30625 Hannover

„**Natur**urlaub" – Anreise mit dem Auto, das Fahrrad im Kofferraum. Die Urlaubsformen sind heute oft sehr widersprüchlich (Aufn.: Andreas W. König).

„Wieder in Sansibar!"

Eindrücke einer Touristin zum „High cost – low volume tourism"

von Angelika Gräber

Wieder in Sansibar! Voller Ungeduld durchstreifen wir die engen Gassen von Stonetown, dem Herzstück der Insel, um die Bilder, Gerüche und Geräusche, die sich in unserem Kopf eingeprägt haben, wiederzufinden. Und da sind sie: die Dhaus im gleisenden Sonnenlicht, die kunstvoll geschnitzten Türen, das freundliche, einladende Karibu-Rufen der Bewohner und die Gerüche wie aus 1001 Nacht nach Nelken, Zimt, Vanille und Kardamom. Aber auch erste Veränderungen fallen ins Auge:

Nahe des Hafens erstrahlt die *Ismaili Dispensary*, ein architektonisches Kleinod, in neuem Glanz. Das ehemalige Krankenhaus, nun in „Stone Town Cultural Centre" umbenannt, beherbergt Geschäfte sowie eine optisch ansprechend gestaltete Ausstellung über die geleisteten Restaurationsarbeiten. Zwei staatliche Gebäude sind ebenfalls von der *Aga Khan-Gruppe* renoviert und zu einem Fünf-Sterne-Hotel umgewandelt worden. Es soll jährlich 10.000 Besucher nach Sansibar ziehen und der Insel 10 Mio. US-$ an Devisen bringen. Die Preise für ein Doppelzimmer liegen je nach Komfort und Saison pro Nacht zwischen 110 und 500 US-$.

Die städtebauliche Entwicklung wurde in Zusammenarbeit mit der *Stone Town Conservation and Development Authority* und dem *Historic Cities Support Programme of the Aga Khan Trust for Culture* festgelegt. Ziel dieses Plans ist zum einen die Erhaltung des kulturellen Erbes, zum anderen aber auch die Verbesserung der Lebensbedingungen der Altstadtbewohner. Gleichzeitig wird durch solche Maßnahmen natürlich auch die Attraktivität der Stadt für Touristen erhöht, denen sich heute der etwas marode Charme von Stonetown häufig erst auf den zweiten Blick erschließt.

Überhaupt Touristen! Wir sind erstaunt, wieviele es doch in der Zwischenzeit geworden sind. Auch etwas erschreckt, den einen oder die andere in einer der Umgebung nicht angemessenen Bekleidung spazieren zu sehen. Schon fallen uns in den oftmals mit wunderbaren, alten sansibarischen Möbeln ausgestatteten Hotelhallen Touristengrüppchen auf, die vor Fernsehapparaten sitzen und gelangweilt „Fast-food" in sich hineinstopfen, statt sich auf die Abenteuer der Stadt einzulassen und die exotischen Köstlichkeiten der Swahili-Küche zu kosten.

Ja, Sansibar setzt auf den Tourismus. Noch vor 20 Jahren basierten 90% der Deviseneinnahmen auf dem Export von Gewürzen, doch nachdem die Preise z.B. von einer Tonne Gewürznelken auf dem Weltmarkt von 3000 auf 600 US-$ gefallen sind, gilt es sich nach anderen Geldquellen umzusehen. Die für die Tourismuspolitik Verantwortlichen wollen den Tourismus in Sansibar als eine Kombination von Strand-und Kulturur- laub ausbauen und zielen auf das obe- re Marktsegment im internationalen Tourismus. Man wolle einen sozial annehmbaren, ökologisch tragbaren und ökonomisch tragfähigen Tourismus fördern.

Die Neugier der einheimischen Jungen ist groß, etwas über unser Leben zu erfahren und ihre Bewunderung für unseren Reichtum grenzenlos. Schwer vorstellbar, daß wir in einer Nacht soviel Geld ausgeben wie ein Einheimischer mit seiner Frau in einer Woche verdient.

Was denken diese Menschen darüber, daß wir hierherkommen, uns wie Ro- binson Crusoe fühlen und ihnen dabei erklären wollen, wie wichtig es sei die Umwelt zu schonen, um diesen einzig- artigen Lebensraum zu bewahren?

Oder schlimmer noch, sie zu ignorieren, sie lästigen Fliegen gleich zu vertreiben und sie nur in der Rolle des Dienstbo- ten, des Souvenirhändlers oder der des Fremdenführers zu sehen und ihr tat- sächliches Leben, ihre Traditionen auf bloße Touristenattraktionen reduzieren?

Die Bewohner der Swahili-Küste sind kulturellen Austausch seit Jahrhunder- ten gewohnt, ja das „multikulturelle" macht einen ganz wesentlichen Zug ihrer Gesellschaft aus, die sich minde- stens so sehr aus arabischen, persi- schen und indischen Elementen zu- sammensetzt wie aus afrikanischen. Ob jedoch die „verschiedenen Sehnsüchte der westlichen Ferienkultur" mit dem keineswegs intoleranten traditionellen Islam in Sansibar harmonieren werden, bleibt abzuwarten.

Immerhin werden Besucher von kleinen Gästehäusern und Pensionen durch Broschüren um Zurückhaltung in Be- nehmen und Kleidung gebeten, ob man es wohl auch wagt, die Gäste eines *Serena Inn* derart zu „belehren"?

Uns erscheint es wichtig, daß die Be- völkerung direkt vom Tourismusge- schäft profitieren kann. Diese Möglich- keit ist gegeben, wo kleine Restaurants, kleine Hotels und Gästehäuser entste- hen, die einheimische Besitzer haben. Was nützen große internationale Hotel- ketten, deren Gewinne sofort wieder aus dem Land fließen, wo Touristen wie in Ghettos „wundervolle Ferientage in idyllischer Landschaft" verbringen aber mit den Menschen nicht in Kontakt kommen? Oder was hat die Bevölke- rung von „Umweltparadiesen" wenn diese nur für reiche Touristen geschaf- fen werden aber nicht für deren eigent- liche „Besitzer"?

Gefordert sind aber nicht nur die Gast- länder, sondern auch die Reisenden. Die sollten sich interessieren. Interes- sieren nicht nur für die Naturschönhei- ten und kulturellen Schätze ihres Reise- landes sondern auch für die Menschen, die dort leben und bereit sein mit ihnen zu kommunizieren.

Angelika Gräber
Regenbogen 39
68305 Mannheim

Ökotourismus?
Wir kennen das Wort nicht!

Ökotourismus aus der Sicht eines Shuar-Indianers aus Ecuador

von Sebastian Moya (in Shuar „Sawa Antunish")

„Den letzten beißen die Hunde" heißt ein Sprichwort, und wir denken in unserem Falle ist das so. Man will die Shuar ausschließen, denn man sieht sie als unnütz an, als zurückgeblieben, als Blinde in der modernen Welt. Aber der Shuar ist wie ein Leguan, der seine Augen geschlossen hat – doch das Augenlid ist eine Schutzhaut, und er kann noch fast alles in seiner Umgebung erfassen. – Die Shuar sind zweifellos Weise und im Urwald haben wir alles, was es auch in der modernen Welt gibt. Wir haben eine Bibliothek, Mythen und Legenden über den Ursprung und die Vergangenheit und die Natur. Wir haben einen „Supermarkt" mit einer großen Auswahl Fleisch, Fisch, Gemüse und Früchte. Wir haben eine „Apotheke" mit allen Heilkräutern und anderer Naturmedizin. Wir haben Ärzte und Psychologen mit großer Erfahrung, die Schamanen. Wir haben eine Autobahn, das ist der Fluß, und Taxis, das sind die Kanus...

Wir wollen der modernen Welt zeigen, daß die Shuar-Menschen ihr Haus, den Wald, in Ordnung halten. Mir kam diese Idee, weil es mir möglich war, die „zivilisierte" Welt zu besuchen und unterschiedliche Kulturen zu erfahren und anderes Essen zu kosten. Nachdem ich es probiert und verdaut hatte, kehrte ich zurück in meine Welt. Erst jetzt entdeckte und erkannte ich die Vorteile meines Volkes, des Waldes, der uns umgibt – unser Zuhause – der Sonne, die uns täglich wärmt und unsere Lebensfreude weckt. Ich kam also zurück mit der Erkenntnis, diese unsere Welt beschützen zu müssen.

Ökotourismus ist ein neues Wort in der modernen Welt. Wir kennen dieses Wort nicht. Es ist ein schönes Logo, das etwas repräsentiert, wie ein Stempel oder ein Symbol zum Wiedererkennen. Aber gibt es Ökotourismus wirklich? Hat Ökotourismus etwas mit Ökologie zu tun? Vielleicht in dem Sinne, daß die Touristen einfach mit uns leben und im Wald schlafen? Die Ausflüge selbst sind nicht ökologisch, aber sie sollen einen Weg ebnen, um das ökologische Gleichgewicht im Wald zu bewahren oder um es wiederherzustellen.

Wir wollen es nicht machen wie die Europäer, erst alles zerstören, um dann künstliche Ökoparks zu errichten. Tourismus im Urwald bedeutet immer auch einen Eingriff in die Natur, also muß gut überlegt werden, wohin Touristen geführt werden. Die wahren Naturdenkmale, das sind die von Menschen unberührten Zonen. Diese müssen geschützt und damit auch für den Tourismus tabu bleiben.

Tsantsa-Tours

Um eine Balance herzustellen zwischen den Indianern und den Menschen der alten Welt, die zu uns kommen, um den Wald zu erleben und um wiederzufinden, was sie verloren haben, kam mir die Idee „Tsantsa-Tours" zu gründen. Eine Kooperative unter Mitarbeit einiger Shuar-Familien. „Tsantsa" bedeutet in unserer Sprache eine Wanderung in den Urwald auf geheimen Wegen, um die Kopftrophäe eines Kriegers zu erbeuten – mythologisch gesprochen ist das ein Gruß an die traditionelle Zeremonie des Shuar-Volkes.

Die Reiseagenturen, die Reisen in Länder wie Ecuador anbieten, haben sich nie die Mühe gemacht, uns, die Indianer und Bewohner des Landes, in ihre ehrgeizigen Projekte einzubeziehen. Sie benutzen den Urwald als Geldquelle und wir sind nichts weiter als darin lebende exotische Vögel, die vorgeführt werden!

Doch ich glaube, das ist falsch. Das Gegenteil sollte geschehen. Wir sollten teilhaben an diesem Geschäft, wir sollten es leiten! Damit würde der unkontrollierte Zugang vermindert und die Lebensbedingungen der Menschen im Urwald verbessert. So wären die Indianer nicht auf Almosen angewiesen, weil Fremde Geld mit ihrer Kultur machen.

Wir Indianer denken anders, wir ernähren uns anders, denn unsere Welt ist der Urwald. Wir sind sozusagen Spezialisten des Waldes, denn dies ist unser Garten, in dem wir seit Tausenden von Jahren überlebt haben. Wir kennen die Pfade im Wald, die Pflanzen und Tiere, die Sprache der Menschen, die einem begegnen und die möglichen Gefahren im dichten Urwald...

„Tsantsa-Tours" wurde 1980 gegründet. Es hat seinen Sitz in der Stadt Banos, dem Tor zum Urwald, in Form eines Touristenbüros. Von dort starteten auch die kleinen Reisen mit Rucksacktouristen ins Innere des Amazonasurwaldes unter dem Motto „Besucht den Urwald unter Schutz und Begleitung indianischer Führer". Nachzulesen in den Reiseführern der Welt, wie *South-American-Handbook, American Explorer Club, Trote Mundo, Lateinamerika Reisen, Reise Know How* und *Polyglott*.

In all den Jahren seit Bestehen von „Tsantsa-Tours" haben wir viel Erfahrungen in dieser Arbeit gesammelt. Mit Hilfe eines Stipendiums gielt ich mich zwei Jahre in England zum Erlernen der Sprache auf. So hatten wir eine Kommunikationsebene in Spanisch und Englisch. Wir machten Erfahrungen in der Organisation und mit den Menschen, den psychischen und physischen Reaktionen, die passieren. Die Touristen zeigten zum Beispiel Angstgefühle, Unsicherheit, sie wurden krank, und es gab Transportprobleme und dann der mangelnde Respekt im Umgang mit den Indianern, den Gastgebern, die sich oft als Objekte für die Kameras benutzt fühlten. Es gab große Kommunikationsprobleme und bei den so unterschiedlichen Denkarten von Touristen und Indianern auch große Mentalitätsprobleme – aber immer gingen die Touristen mit spektakulären Erfahrungen hinaus, während die Indianer verunsichert zurückblieben. Genau das Exotische, was für Touristen das Besondere darstellte, bedeutete ein ethisches Problem für den einheimischen Führer oder Vermittler. Wie konnte ich den Touristen verbieten, Fotos zu machen, wenn sie doch dafür bezahlt hatten?

Yawa Yee

Trotz dieser Probleme oder gerade deswegen und weil die Nachfrage nach dieser Art zu reisen immer mehr anstieg, haben wir uns überlegt, einen anderen Tourismus anzubieten – Reisen zu ermöglichen, die einen echten Zugang und auch Verständnis für Natur und Menschen aufbauen. So hatten wir 1990 die Idee „Yawa Jee" zu gründen, um diese Aktivitäten in einem für uns, die Bewohner des Urwaldes, sinnvollen Zusammenhang zu stellen. „Yawa Jee" bedeutet in der Shuar-Sprache ein „Haus für die Kinder und Tiere des Dschungels", also einen Lebensraum, den sich die Menschen und Tiere sowie die Pflanzenwelt gleichermaßen teilen.

Der Urwald ist unser Haus, unser Denken, unser Leben und für die Bewohner des Urwaldes, die indigene Bevölkerung, bedeutet Tourismus unter allen Umständen ein Eingriff in ihr Leben und einen Wandel im sozialen Bereich. In dieser Hinsicht ist die indianische Welt sehr verletzbar, denn das waren die Shuar nicht gewohnt. Wir Indianer können nur schwer abschätzen, welche Auswirkungen der Wandel auf lange Zeit nach sich zieht. Wir Shuar sehen mit unseren Augen, unseren Dimensionen. Wir leben drinnen im Urwald und schauen von unten herauf, während die Wissenschaftler der alten Welt den Überblick haben, sozusagen von oben nach unten schauen.

Einst war der Shuar alleiniger Herrscher in seiner Welt – erst die moderne Zeit mit der Ausbeutung der Bodenschätze brachte mit sich, daß die Fremden in den Urwald eindrangen. Zunächst erntete man das „grüne Gold", die Bananen, dann entdeckte man das Erdöl und jetzt soll der Wald durch den Tourismus erschlossen werden.

Wir Shuar setzen Touristen gleich mit Menschen, die uns schaden, weil sie unsere Kultur und unsere Würde ignorieren. Das ist so, weil wir aus unserer mündlichen Überlieferung wissen, daß es schon vor langer Zeit Konflikte gab mit hellhäutigen, blauäugigen Menschen – und genau dieses Erscheinungsbild zeigen uns die Touristen. Da gibt es für uns kaum einen Unterschied zwischen „turista de clase" (Pauschaltourist) und „turista de mochilla" (Rucksacktourist). Der Unterschied liegt nämlich nur im Geld, nur die einen zahlen mehr. Für uns Indianer sind sie alle „gringos".

Irar: *Besucher* statt *Touristen*

Mit Yawa Jee wollen wir ein anderes Konzept einführen, um das Risiko des sozialen und kulturellen Eingriffes, welches der Tourismus in sich birgt, möglichst klein zu halten. Wir wollten eine natürlichere Methode. Unsere Touren haben wir umgetauft in „viajes de conservacion": Reisen in den Wald für spezielle Personen mit klarem Bewußtsein, die den Wald und seine Bewohner lieben und respektieren wollen. Genauso wollen wir das Wort „Tourist" gegen das Wort „Irar" eintauschen: „Irar" bedeutet in unserer Sprache „Besucher". Ein Besucher ist ein Gast und für „Yawa Jee" bedeutet das: Vorsichtiges, erzieherisches und bewußtes Besuchen, so daß auch die Besuchten, die indianischen Völker, ihren Teil davon haben. Unser Konzept stellt sich wie folgt dar:

Wir haben uns überlegt, die Besuchergruppen aufzuteilen und in die Bevölkerungsgruppen zu integrieren, d.h. zum Beispiel in dem Dorf Santana, in dem 20 Familien leben, je zwei oder drei Besucher einer Familie zugeordnet werden, so daß jede Familiengruppe innerhalb einer Kommune eine Rolle als Vermittler oder Betreuer hat. Praktisch bedeutet es, teilzunehmen an den täglichen Aktivitäten, wie jagen und fischen, blasrohrschließen, Handwerk erlernen usw. Die Fremden sollen die Möglichkeit haben, wirklich etwas aus dem Leben der Exoten, die sie so faszinieren, zu erfahren. So versuchen wir auf gleichberechtigter Ebene die Begegnung zweier Welten schaffen.

„Yawa Jee" will in Zusammenarbeit mit „Tsantsa-Tours" die Möglichkeiten eines gesunden oder ökologischen Tourismus in die Tat umsetzen. Beide, Besucher und Besuchte, sollen ihren Teil davon haben. Erstere ein authentisches Urlaubserlebnis mit Indianern und Letztere eine würdevollere Behandlung und Anerkennung durch ihre Mitarbeit als Gastgeber und Führer. Auf diesem Wege sollten sie unabhängig und unbeschadet bleiben in der modernen Welt und ihren Lohn für die Arbeit erhalten. Dazu müssen sowohl die Besucher als auch die Indianer geschult werden im Umgang mit dem Fremden.

Wir fragen uns heute, warum so viele Projekte gescheitert sind. Es gibt einen einfachen Grund: Immer war es pure Ausbeutung, die uns, die Menschen, die sich seit Tausenden von Jahren dem Urwald angepaßt haben, getroffen hat. Das war der Grund!

Der Urwald ist das Haus der Tiere und der Indianer, also ist es auch unsere Sache, ihn zu beschützen. „Yawa Jee" hat dazu eine Methode entwickelt, eine Arbeitsgruppe, eine Theorie und eine Praxis. Wir wollen die Indianer in das Projekt integrieren. Wir sind dabei, unter Mithilfe von nationalen und internationalen Organisationen eine Integration zu schaffen, die beiden Seiten gerecht wird, um somit einen menschlichen, oder besser gesagt, einen „zivilisierten Tourismus" zu kreieren. Dafür wünsche ich mir und meinem Volk Unterstützung.

Dieser Beitrag entstand nach einem langen Gespräch zwischen Claudia Leipold, Ingo Waltz und Sebastian Moya. Er selbst hatte drei Seiten in Spanisch als Manuskript verfaßt und noch mehr mündlich vermittelt. Er ist ein Mann der Worte und nicht der Schrift.

Übersetzung und Bearbeitung: Claudia Leipold

Sebastian Moya
c/o Ingo Waltz
An den Eichen 80
64546 Mörfelden-Walldorf

Umwelterklärungen

Die Notwendigkeit einer nachhaltigen Tourismusentwicklung wird national und international zunehmend erkannt. Die Verabschiedung von gemeinsamen Leitbildern und Übereinkünften trägt diesem Vorgang Rechnung. Vier der wichtigsten Umwelterklärungen zum Tourismus der letzten Jahre sind hier wiedergegeben:

- Charter for Sustainable Tourism (by the World Conference on Sustainable Tourism, Lanzarote, 27–28 April 1995)

- Malé Declaration on Sustainable Tourism Development (adopted at the Asia-Pacific Ministers' Conference on Tourism and Environment, in Malé, Maldives, 16 February 1997)

- Berlin Declaration. Biological Diversity and Sustainable Tourism (by Ministers and Heads of Delegations at the International Conference on Biodiversity and Tourism, 6–8 March, 1997)

- Umwelterklärung der deutschen Tourismuswirtschaft (Oktober 1997)

Charter for Sustainable Tourism

by the World Conference on Sustainable Tourism, Lanzarote, 27–28 April 1995

We, the participants at the *World Conference on Sustainable Tourism*, meeting in Lanzarote, Canary Islands, Spain, on 27-28 April 1995,

Mindful that tourism, as a worldwide phenomenon, touches the highest and deepest aspirations of all people and is also an important element of socioeconomic and political development in many countries,

Recognizing that tourism is ambivalent, since it can contribute positively to socioeconomic and cultural achievement, while at the same time it can contribute to the degradation of the environment and the loss of local identity, and should therefore be approached with a global methodology,

Mindful that the resources on which tourism is based are fragile and that there is a growing demand for improved environmental quality,

Recognizing that tourism affords the opportunity to travel and to know other cultures, and that the development of tourism can help promote closer ties and peace among peoples, creating a conscience that is respectful of the diversity of culture and life styles,

Recalling the Universal Declaration of Human Rights, adopted by the General Assembly of the United Nations, and the various United Nations declarations and regional conventions on tourism, the environment, the conservation of cultural heritage and on sustainable development,

Guided by the principles set forth in the Rio Declaration on the Environment and Development and the recommendations arising from AGENDA 21,

Recalling previous declarations on tourism, such as the Manila Declaration on World Tourism, the Hague Declaration and the Tourism Bill of Rights and Tourist Code,

Recognizing the need to develop a tourism that meets economic expectations and environmental requirements, and respects not only the social and physical structure of destinations, but also the local population,

Considering it a priority to protect and re-enforce the human dignity of both local communities and tourists,

Mindful of the need to establish effective alliances among the principal actors in the field of tourism so as to fulfil the hope of a tourism that is more responsible towards our common heritage,

Charter for Sustainable Tourism 119

APPEAL to the international community and, in particular, URGE governments, other public authorities, decision-makers and professionals in the field of tourism, public and private associations and institutions whose activities are related to tourism, and tourists themselves, to adopt the principles and objectives of the Declaration that follows:

1. Tourism development shall be based on criteria of sustainability, which means that it must be ecologically bearable in the long term, as well as economically viable, and ethically and socially equitable for local communities.

   Sustainable development is a guided process which envisages global management of resources so as to ensure their viability, thus enabling our natural and cultural capital, including protected areas, to be preserved. As a powerful instrument of development, tourism can and should participate actively in the sustainable development strategy. A requirement of sound management of tourism is that the sustainability of the resources on which it depends must be guaranteed.

2. Tourism should contribute to sustainable development and be integrated with the natural, cultural and human environment; it must respect the fragile balances that characterize many tourist destinations, in particular small islands and environmentally sensitive areas. Tourism should ensure an acceptable evolution as regards its influence on natural resources, biodiversity and the capacity for assimilation of any impacts and residues produced.

3. Tourism must consider its effects on the cultural heritage and traditional elements, activities and dynamics of each local community. Recognition of these local factors and support for the identity, culture and interests of the local community must at all times play a central role in the formulation of tourism strategies, particularly in developing countries.

4. The active contribution of tourism to sustainable development necessarily presupposes the solidarity, mutual respect and participation of all actors, both public and private, implicated in the process, and must be based on efficient cooperation mechanisms at all levels: local, national, regional and international.

5. The conservation, protection and appreciation of the worth of the natural and cultural heritage afford a privileged area for cooperation. This approach implies that all those responsible must take upon themselves a true challenge, that of cultural, technological and professional innovation, and must also undertake a major effort to create and implement integrated planning and management instruments.

6. Quality criteria both for the preservation of the tourist destination and for the capacity to satisfy tourists, determined jointly with local communities and informed by the principles of sustainable development, should represent priority objectives in the formulation of tourism strategies and projects.

7. To participate in sustainable development, tourism must be based on the diversity of opportunities offered by the local economy. It should be fully integrated into and contribute positively to local economic development.

8. All options for tourism clevelopment must serve effectively to improve the quality of life of all people ancl must influence the socio-cultural enrichment of each destination.

9. Governments and the competent authorities, with the participation of NGOs and local communities, shall undertake actions aimed at integrating the planning of tourism as a contribution to sustainable development.

10. In recognition of economic and social cohesion among the people of the world as a fundamental principle of sustainable development, it is urgent that measures be promoted to permit a more equitable distribution of the benefits and burdens of tourism. This implies a change of consumption patterns and the introduction of pricing methods which allow environmental costs to be internalised.

    Governments and multilateral organizations should prioritize and strengthen direct and indirect aid to tourism projects which contribute to improving the quality of the environment. Within this context, it is necessary to explore thoroughly the application of internationally harmonized economic, legal and fiscal instruments to ensure the sustainable use of resources in tourism.

11. Environmentally and culturally vulnerable spaces, both now and in the future, shall be given special priority in the matter of technical co-operation and financial aid for sustainable tourism development. Similarly, special treatment should be given to zones that have been degraded by obsolete and high impact tourism models.

12. The promotion of alternative forms of tourism that are compatible with the principles of sustainable development, together with the encouragement of diversification, represent a guarantee of stability in the medium and the long term. In this respect there is a need, for many small islands and environmentally sensitive areas in particular, to actively pursue and strengthen regional co-operation.

13. Governments, industry, authorities, and tourism-related NGOs should promote and participate in the creation of open networks for research, dissemination of information and transfer of appropriate knowledge on tourism and environmentally sustainable tourism technologies.

14. The establishment of a sustainable tourism policy necessarily requires the support and promotion of environmentally compatible tourism management systems, feasibility studies for the transformation of the sector, as well as the implementation of demonstration projects and the development of international cooperation programmes.

15. The travel industry, together with bodies and NGOs whose activities are related to tourism, shall draw up specific frameworks for positive and preventive actions to secure

sustainable tourism development and establish programmes to support the implementation of such practices. They shall monitor achievements, report on results and exchange their experiences.

16. Particular attention should be paid to the role and the environmental repercussions of transport in tourism, and to the development of economic instruments designed to reduce the use of non-renewable energy and to encourage recycling and minimization of residues in resorts.

17. The adoption and implementation of codes of conduct conducive to sustainability by the principal actors involved in tourism, particularly industry, are fundamental if tourism is to be sustainable. Such codes can be effective instruments for the development of responsible tourism activities.

18. All necessary measures should be implemented in order to inform and promote awareness among all parties involved in the tourism industry, at local, national, regional and international level, with regard to the contents and the objectives of the Lanzarote Conference.

Final Resolution

The *World Conference on Sustainable Tourism* considers it vital to make the following statements:

1. The Conference recommends State and regional governments to draw up urgently plans of action for sustainable development applied to tourism, in consonance with the principles set out in this Charter

2. The Conference agrees to refer the Charter for Sustainable Tourism to the Secretary General of the United Nations, so that it may be taken up by the bodies and agencies of the United Nations system, as well as by international organizations which have co-operation agreements with the United Nations, for submission to the General Assembly.

Malé Declaration on Sustainable Tourism Development

adopted at the Asia-Pacific Ministers' Conference on Tourism and Environment, in Malé, Maldives, 16 February 1997

WHEREAS the *Asia-Pacific Tourism Ministers Conference on Tourism and Environment* as held on 16 February 1997, in Malé, Republic of Maldives, convened by the *World Tourism Organization* with the participation of delegations of 26 States, Affiliate Members, international organizations, regional organizations and observers, to clarify and define the linkage between tourism and environment, as well as to consider the responsibility of states and the private sector for achieving a high degree of sustainable tourism development; and

WHEREAS, the theme of the conference, "Tourism 2000 – Building a Sustainable Future for Asia-Pacific", attests to the unanimous sentiment on the part of the conference participants that the substantial and ongoing investment of financial, human, and natural resources in tourism development requires a fiduciary responsibility to the sustainability and continued viability of the industry for the benefit of communities and nations; and

WHEREAS, there is recognition and appreciation for the uniqueness of the natural environment, peoples, cultures, and heritage of the Asia-Pacific countries and their importance for tourism's potential for cross-cultural learning, international understanding, and world peace; and

WHEREAS, the conference participants of the Asia-Pacific Ministers Conference on Tourism and the Environment agree in principle to:

BE IT RESOLVED by conference that the participants of the *Asia-Pacific Ministers Conference on Tourism and the Environment* agree in principle to:

Pledge continuing support for the vision and goals of a sustainable future, as conceived and articulated in the 1987 Brundtland Commission report, the 1992 Earth Summit the Rio Declaration, and Agenda 21, and further extended to the tourism industry through subsequent efforts such as Agenda 21 for the Travel and Tourism industry, the World

Conference on Sustainable Tourism, and the 1996 International Conference on Tourism and Heritage Management, encompassing the following precepts:

- Fostering awareness of environmental ethics in tourism among communities and consumers;
- Conservation and sustainable use of resources;
- Reducing consumption and waste;
- Natural, social and cultural diversity;
- Integrated tourism planning for sustainability;
- Support for local economies;
- Local community involvement;
- Consulting tourism stakeholders and the public;
- Human resources development;
- Responsible tourism marketing;
- Ongoing inquiry into sustainability issues;
- Development of measurements on tourism impacts on environment, culture and heritage; and
- Private sector involvement.

Commit resources to improving the quality and professionalism of our human resources to create a valuable and meaningful visitor experience and to meet the needs of a competitive global environment;

Emphasize the urgency of sustainability, to the health of both the tourism industry and the world economy;

Intensify efforts to make operational those policies and practices that promote sustainability, realizing that research and technological advances have brought us to the point where sustainable action can now proceed;

Strive to provide the leadership, training, and technical support needed by communities to enable them to become fully aware of, and involved with, the processes by which tourism is planned and developed;

Support an active and important role for governments at all levels international and regional cooperation in promotin and achieving sustainable development; and

Strenghten and promote cooperation with the many tourism-related businesses and organizations that comprise the private and non-governmental sectors, in recognition of the costs and effort that sustainability requires for optimizing opportunities.

Berlin Declaration: Biological Diversity and Sustainable Tourism

We, Ministers and Heads of Delegation, assembled in Berlin for the *International Conference on Biodiversity and Tourism* from 6 to 8 March 1997

- Aware that tourism is an important source of economic wealth and one of the fastest growing sectors in the world economy;
- Considering that tourism is a world-wide phenomenon involving a growing number of people undertaking more long-distance journeys;
- Recognizing that a healthy environment and beautiful landscapes constitute the basis of long-term viable development of all tourism activities;
- Observing that tourism increasingly turns to areas where nature is in a relatively undisturbed state so that a substantial number of the world's remaining natural areas are being developed for tourism acitivitites;
- Concerned that while tourism may importantly contribute to socio-economic development and cultural exchange, it has, at the same time, the potential for degrading the natural environment, social structures and cultural heritage;
- Taking into account that sustainable forms of tourism generate income also for local communities, including indigenous communities, and that their interests and culture require particular attention;
- Recognizing also that tourism may generate or increase a demand for wild animals, plants or products made thereof for souvenirs, and thus endanger species and affect protection measures;
- Further recognizing that there is a need to value and protect nature and biological diversity as an essential basis for sustainable development;
- Convinced that nature has an intrinsic value which calls for the conservation of species, genetic and ecosystem diversity to ensure the maintenance of essential life support systems;
- Furthermore convinced that sustainable forms of tourism have the potential to contribute to the conservation of biological diversity outside and inside protected areas;
- Bearing in mind that vulnerable areas, including small islands, coasts, mountains, wetlands, grasslands and other terrestrial and marine ecosystems and habitats of outstanding beauty and rich biological diversity, deserve special measures of protection;
- Convinced that achieving sustainable forms of tourism is the responsibility of all stakeholders involved, including governments at all levels, international organizations,

the private sector, environmental groups and citizens both in tourism destination countries and countries of origin;
- Determined to work together with all who are involved in the elaboration of international guidelines or rules that harmonize the interests of nature conservation and tourism, that lead towards sustainable development of tourism, and, thus, contribute to the implementation of the Convention on Biological Diversity and the objectives of AGENDA 21;

Agree on the following principles:

I. General

1. Tourism activities should be environmentally, economically, socially and culturally sustainable. Development and management of tourism activities should be guided by the objectives, principles and commitments laid down in the Convention on Biological Diversity.
2. Tourism activities which directly or indirectly contribute to the conservation of nature and biological diversity and which benefit local communities should be promoted by all stakeholders.
3. To conserve nature and biological diversity as a major resource of tourism activities, all necessary measures should be taken to ensure that the integrity of ecosystems and habitats is always respected. Additional burdens from tourism development should be avoided in areas where nature is already under pressure from tourism activities. Preference should be given to the modernisation and renovation of existing tourism facilities.
4. Measures inspired by the principle of precautionary action should be taken to prevent and minimize damage caused by tourism to biological diversity. Such measures should include monitoring of existing activities and assessment of environmental impacts of proposed new activities, including the monitoring of the negative effects of wildlife viewing.
5. Tourism activities which use environmentally sound technologies for saving water and energy, prevent pollution, treat waste water, avoid the production of solid waste and encourage recycling should be promoted to the fullest extent. Similarly, tourism activities which encourage the use of public and non-motorised transport should be supported wherever possible.
6. All stakeholders including governments, international organizations, the private sector and environmental groups should recognize their common responsibilities to achieve sustainable forms of tourism. Policies and, where appropriate, legislation, environmental economic instruments and incentives should be developed to ensure that tourism activities meet the needs of nature and biological diversity conservation, including mobilising funding from tourism. The private sector should be encouraged to develop and apply guidelines and codes of conduct for sustainable tourism. All stakeholders

should cooperate locally, nationally and internationally to achieve a common understanding on the requirements of sustainable tourism. Particular attention should be given to transboundary areas and areas of international importance.

7. Concepts and criteria of sustainable tourism should be developed and incorporated in education and training programmes for tourism professionals. The general public should be informed and educated about the benefits of protecting nature and conserving biodiversity through sustainable forms of tourism. Results of research and concepts of sustainable tourism should be increasingly disseminated and implemented.

II. Specific

8. Inventories of tourism activities and attractions should be developed, taking into account the impacts on ecosystems and biological diversity. Coordinated efforts of governments, the private sector and all other stakeholders should be undertaken to agree on criteria to measure and assess the impacts of tourism on nature and biological diversity. In this regard, technical and scientific cooperation should be established through the *Clearing House Mechanism* of the Convention on Biodiversity.

9. Tourism activities, including tourism planning, measures to provide tourism infrastructure, and tourism operations, which are likely to have significant impacts on nature and biological diversity should be subject to prior environmental impact assessment.

10. Tourism activities should be planned at the appropriate levels with a view to integrate socio-economic, cultural and environmental considerations at all levels. Development, environment, and tourism planning should be integrated processes. All efforts should be made to ensure that integrated tourism plans are implemented and enforced.

11. Tourism should be based on environmentally friendly concepts and modes of transport. Negative impacts of transport on the environment should be reduced, paying particular attention to environmental impacts of road and air traffic, specifically in ecologically sensitive areas.

12. Sports and outdoor activities, including recreational hunting and fishing, particularly in ecologically sensitive areas, should be managed in a way that they fulfil the requirements of nature and biological diversity conservation and comply with the existing regulations on conservation and sustainable use of species.

13. Special care should be taken that living animals and plants, and products made thereof for souvenirs, are offered for sale only on the basis of a sustainable and environmentally sound use of the natural resources and in conformity with national legislation and international agreements.

14. Whenever possible and appropriate, economic instruments and incentives including awarding of prizes, certificates and eco-labels for sustainable tourism should be used to encourage the private sector to meet its responsibilities for achieving sustainable tourism. The abolition of economic incentives encouraging environmentally unfriendly activities should be strived for.

15. Tourism should be developed in a way so that it benefits the local communities, strengthens the local economy, employs local workforce and wherever ecologically sustainable, uses local materials, local agricultural products and traditional skills. Mechanisms, including policies and legislation should be introduced to ensure the flow of benefits to local communities. Tourism activities should respect the ecological characteristics and capacity of the local environment in which they take place. All efforts should be made to respect traditional lifestyles and cultures.

16. Tourism should be restricted, and where necessary prevented, in ecologically and culturally sensitive areas. All forms of mass tourism should be avoided in those areas. Where existing tourism activities exceed the carrying capacity, all efforts should be made to reduce negative impacts from tourism activities and to take measures to restore the degraded environment.

17. Tourism in protected areas should be managed in order to ensure that the objectives of the protected area regimes are achieved. Wherever tourism activities may contribute to the achievement of conservation objectives in protected areas, such activities should be encouraged and promoted, also as cases to test in a controlled manner the impact of tourism on biodiversity. In highly vulnerable areas, nature reserves and all other protected areas requiring strict protection, tourism activities should be limited to a bearable minimum.

18. In coastal areas all necessary measures should be taken to ensure sustainable forms of tourism, taking into account the principles of integrated coastal area management. Particular attention should be paid to the conservation of vulnerable zones, such as small islands, coral reefs, coastal waters, mangroves, coastal wetlands, beaches and dunes.

19. Tourism in mountain areas should also be managed in environmentally appropriate ways. Tourism in sensitive mountain regions should be regulated so that the biological diversity of these areas can be preserved.

20. In all areas where nature is particularly diverse, vulnerable and attractive, all efforts should be made to meet the requirements of nature protection and biological diversity conservation. Particular attention should be paid to the conservation needs in forest areas, grasslands, fresh water eco-systems, areas of spectacular beauty, arctic and antarctic eco-systems.

21. The Ministers and Heads of Delegation, gathered in Berlin on 7 and 8 March 1997 for the International Conference on Biodiversity and Tourism

    - Recommend that the Conference of the Parties to the Convention on Biological Diversity draw up in consultation with stakeholders guidelines or rules for sustainable tourism development on a global level on the basis of the "Berlin Declaration" in order to contribute to the implementation of the Convention's objectives,

    - Agree to submit the "Berlin Declaration" to all Parties and Signatory States with the objective of bringing about a discussion at the 4th Conference of the Parties in Bratislava,

    - Call upon the Special Session of the General Assembly of the United Nations to support this initiative under the Biodiversity Convention and recommend to the

UN General Assembly Special Session to include the subject of sustainable tourism in the future work programme of the Commission on Sustainable Development in order to draw increased attention to the objectives of AGENDA 21,
- Call on the bilateral and multilateral funding organizations to take into account the principles and guidelines of the "Berlin Declaration" when supporting projects relating to tourism.

Agreed at Berlin, on the 8th of March 1997

The "Berlin Declaration" was elaborated by the following countries and institutions:

Bahamas, Brazil, Bulgaria, Costa Rica, Dominican Republic, France, Germany, Greece, Hungary, Kenya, Maldives, Mexico, Namibia, Poland, Portugal, South Africa, Spain, Tunisia;

European Commission, United Nations Environment Programme (UNEP), Global Environment Facility (GEF), Secretariat of the Convention on Biological Diversity, World Tourism Organization (WTO), IUCN–The World Conservation Union;

Deutscher Fremdenverkehrsverband (DFV), Deutscher Naturschutzring (DNR), Deutscher Reisebüroverband (DRV), Forum Umwelt & Entwicklung.

Umwelterklärung der deutschen Tourismuswirtschaft

I. Präambel

Für den Tourismus sind eine intakte Umwelt und Natur von jeher die wichtigste Grundlage. Eine saubere Luft, klares, unverdorbenes Wasser und eine attraktive, natürliche Landschaft gehören zu den existentiellen Voraussetzungen für seine dauerhaft tragfähige Entwicklung. Die touristischen Verbände und Unternehmen haben dies seit langem erkannt und engagieren sich in vielfältigster Form für einen umweltgerechten Tourismus.

Mögliche Klimaveränderungen, die Bedrohung der Artenvielfalt und der empfindlichen Ökosysteme, die Verschmutzung von Meeren und Küsten, aber auch andere Belastungen von Natur und Landschaft in vielen touristischen Regionen gefährden zunehmend unsere Existenzgrundlagen. Wir brauchen daher künftig Lebensbedingungen und Wirtschaftsformen, welche die Endlichkeit von Ressourcen sowie die Schutzbedürftigkeit von Natur und Umwelt berücksichtigen und dazu beitragen, die natürlichen Lebensgrundlagen des Menschen auch für kommende Generationen zu bewahren.

Dies ist nur in gemeinsamer Anstrengung aller gesellschaftlichen Kräfte möglich. Verbände und Unternehmen, Politik und Verbraucher sind hier gleichermaßen gefordert. Die Tourismuswirtschaft trägt als weltgrößter sowie als wichtiger Wirtschaftszweig in Deutschland eine hohe Mitverantwortung.

Im Bewußtsein

(1) der vielfältigen Chancen und Risiken, die mit einer touristischen Entwicklung verbunden sind

(2) der Schutzbedürftigkeit von Mensch, Umwelt, Natur und Kultur in den touristischen Zielgebieten

(3) der Tatsache, daß Deutschland als eines der Hauptentsendeländer von Touristen eine besondere Verantwortung trägt für eine nachhaltige, ökologisch verträgliche Entwicklung im In- und Ausland

(4) der besonderen Verantwortung, die natürlichen Heilschätze des Bodens, des Klimas und des Meeres vor Umweltschäden im Interesse der Gesundheit der Menschen zu bewahren

(5) des souveränen Rechtes der Bevölkerung in den Zielregionen auf eine selbstbestimmte Tourismusentwicklung und auf die Beteiligung an Planungsprozessen

(6) einer wachsenden Reiseerfahrung und zunehmenden Umweltsensibilität der deutschen und ausländischen Touristen

bekennen sich die Spitzenverbände des deutschen Tourismus zur Notwendigkeit einer nachhaltigen Entwicklung und einer ökologisch verantwortlichen Tourismuspolitik.

Wirtschaftsentwicklung und Wirtschaftswachstum sollen der Verbesserung der Lebensqualität für die Menschen dienen. Die Tourismusentwicklung soll daher nur in dem Maße unterstützt werden, wie sie auch der Verbesserung der Lebensqualität dient.

Schutz und Erhalt der natürlichen Grundlagen im Rahmen wirtschaftlicher Tätigkeit tragen auch zur Lebensfähigkeit der Branche und ihrer Unternehmen bei. Sie führen zu Ressourceneinsparungen, vielfach auch zu Kostenvorteilen und sichern dauerhaft die Rentabilität und Unternehmensexistenz. Sie erhöhen die Produktqualität und das Qualitätsbewußtsein, verstärken die Motivation der Mitarbeiter von Unternehmen und helfen beim Gewinnen neuer, umweltbewußter Kundenkreise.

Die Spitzenverbände und -organisationen des deutschen Tourismus erkennen ihre besondere Verantwortung für eine nachhaltige Tourismusentwicklung an. Eine Intensivierung der Zusammenarbeit mit Partnern außerhalb des Tourismus wird angestrebt.

II. Aufgabe der Umwelterklärung

Geleitet von den Zielen und Prinzipien der in Rio de Janeiro 1992 verabschiedeten Rio-Deklaration und AGENDA 21, der AGENDA 21 for the Travel and Tourism Industry (World Travel and Tourism Council - WTTC) sowie der *Charter for Sustainable Tourism* (World Conference on Sustainable Tourism - WCST) verabschieden die Spitzenverbände des deutschen Tourismus die vorliegende Erklärung.

Diese baut auf den bereits bestehenden Umwelterklärungen, Beschlüssen und vielfältigen ökologischen Maßnahmen der unterzeichnenden Verbände sowie ihrer Mitglieder auf.

Diese Umwelterklärung soll nach dem Willen der unterzeichnenden Verbände und Organisationen Leitlinie für die zukünftigen Aktivitäten und Bemühungen der verschiedenen Träger der deutschen Tourismuswirtschaft für eine nachhaltige Entwicklung sein. Sie dient darüber hinaus als Ausgangspunkt für eine verstärkte Bündelung und Koordination von Aktivitäten der Verbände und Organisationen auf dem Gebiet des Umwelt - und Naturschutzes.

III. Definition nachhaltiger Tourismus

Nachhaltig ist eine Entwicklung, „die die Bedürfnisse der Gegenwart einlöst, ohne die Fähigkeit der künftigen Generationen, ihre Bedürfnisse zu erfüllen, zu beeinträchtigen" (Brundtland-Report 1987). Sie soll zu einer Verbesserung der Lebensbedingungen des Menschen führen, ohne die Tragfähigkeit der Ökosysteme zu überfordern.

Das bedeutet: Die Nutzung einer Ressource darf auf Dauer nicht größer sein als die Möglichkeit zu ihrer Regeneration, die Freisetzung von Stoffen und Energie darf nicht größer sein als die Tragfähigkeit der Umweltmedien bzw. als ihre Assimilationsfähigkeit. Wirtschaftliche Entwicklung muß künftig bei weiter sinkendem Ressourcenverbrauch möglich sein.

Nachhaltige Entwicklung ist ein umfassendes Zielsystem, welches den Umwelt- und Naturschutz als integralen Bestandteil aller relevanten gesellschaftlichen Entscheidungsprozesse begreift.

Der Tourismus muß langfristig sowohl ökologisch, als auch ökonomisch tragfähig, sowie ethisch und sozial verträglich sein. Die Bewahrung lebenserhaltender ökologischer Prozesse und Naturkreisläufe, die Erhaltung der Artenvielfalt, die schonende Nutzung natürlicher Ressourcen sind damit ebenso Ziele wie die Achtung und Bewahrung traditioneller Lebensweisen und kultureller Identitäten der Bevölkerung überall auf der Welt.

Die Ziele, Inhalte und Maßnahmen einer nachhaltigen Entwicklung können nur gemeinsam von allen Beteiligten festgelegt werden. Die Tourismuswirtschaft kooperiert dabei mit anderen gesellschaftlichen Kräften: Staat, Verbänden, anderen Wirtschaftszweigen, nichtstaatlichen Organisationen und der lokalen Bevölkerung. Schwerpunkt bei der ebenso notwendigen Umsetzung sollen eigenverantwortliche Lösungen der Produzenten und Dienstleister zusammen mit den Konsumenten sein. Dabei müssen sie auch der globalen Umweltverantwortung gerecht werden.

Die Spitzenverbände und -organisationen des deutschen Tourismus sehen in einem nachhaltigen Tourismus ein grundlegendes Leitbild für die künftige Entwicklung der Branche.

IV. Aufgabenschwerpunkte sowie die besondere Verantwortung der einzelnen Spitzenverbände und -organisationen

Die Spitzenverbände und die von ihnen vertretenen Branchen agieren in verschiedenen Segmenten des Tourismusmarktes. Daraus ergeben sich unterschiedliche Verantwortlichkeiten auch in Hinblick auf eine nachhaltige Entwicklung.

Die Tourismusregionen, Städte und Gemeinden allgemein sowie die Kurorte und Heilbäder mit ihren Kurortunternehmungen im speziellen zeichnen für das kommunale und regionale touristische Angebot innerhalb Deutschlands verantwortlich. Sie werden vertreten durch den Deutschen Fremdenverkehrsverband e.V. (DFV) und den Deutschen Bäderverband e.V. (DBV).

Hotellerie und Gastronomie sind die wichtigsten gewerblichen Leistungsanbieter der Tourismusorte und -regionen, vertreten durch den Deutschen Hotel- und Gaststättenverband e.V. (DEHOGA).

Beide Gruppen zusammen sind die zentralen Anbieter für den Deutschlandtourismus. Auch für die ausländischen Gäste (Incoming) gestalten sie die touristischen Leistungen maßgeblich mit. Fremdenverkehrsregionen und -orte sowie Hotellerie und Gastronomie sind daher verantwortlich für die Gestaltung Deutschlands als Reiseland im Sinne eines nachhaltigen, umweltgerechten Tourismus, im besonderen auch für die Erhaltung seiner natürlichen Grundlagen für die Gesunderhaltung und die Kur.

Die Deutsche Zentrale für Tourismus e.V. (DZT) wirbt als Marketingorganisation für das Reiseland Deutschland im Ausland und kommuniziert das Angebot der deutschen touristischen Leistungsträger ins Ausland. Dabei stellt sie im Rahmen ihrer Absatzförderungsmaßnahmen die umweltorientierten Angebote besonders heraus. Die touristischen Anbieter werden über die Nachfrage nach umweltrelevanten Angeboten aus dem Ausland unterrichtet. Im Sinne internationaler Partnerschaften kann die DZT auch den Know-How-Transfer und Informationsaustausch zwischen deutschen und ausländischen Tourismusorganisationen, politischen Instanzen, staatlichen Behörden sowie den Leistungsanbietern, insbesondere in Entwicklungsländern, unterstützen.

Reiseveranstalter und Reisemittler erstellen und vermitteln Reiseangebote für deutsche Touristen ins In- und Ausland. Sie werden vertreten durch den Deutschen Reisebüro-Verband e.V. (DRV) und den Bundesverband mittelständischer Reiseunternehmen e.V. (asr). Mit ihrer Mittler- und Bündelungsfunktion zwischen inländischen Verbrauchern, kommunalen und gewerblichen Leistungsanbietern sowie anderen tourismusnahen Anbietern (Transportunternehmen, Versicherungen etc.) unterstützen sie eine nachhaltige Entwicklung in den Zielgebieten. Sie informieren und sensibilisieren die Verbraucher und fördern die umweltgerechte Gestaltung und Zusammenstellung der Reiseprodukte.

International agierende Unternehmen der Tourismuswirtschaft sind hinsichtlich einer nachhaltigen Tourismusentwicklung in ausländischen Zielgebieten und hier insbesondere in Entwicklungsländern besonders gefordert.

Der Bundesverband der Deutschen Tourismuswirtschaft (BTW) bündelt die Kräfte seiner Mitglieder und vertritt sie gegenüber der Politik und der übrigen Wirtschaft. Gemeinsam mit den politischen Institutionen setzt sich der BTW für möglichst optimale Rahmenbedingungen im Sinne einer nachhaltigen Tourismusentwicklung ein.

Die privaten deutschen Omnibusunternehmer sind in ihrer Mehrzahl als Reiseveranstalter und im Ausflugs- sowie Mietomnibusverkehr maßgebliche Anbieter touristischer Leistungen. Sie tragen in besonderer Weise den Anforderungen umweltschonender touristischer Mobilität Rechnung. Der Bundesverband Deutscher Omnibusunternehmer e.V. (bdo) und der Internationale Bustouristik Verband e.V. (RDA) sind die Dachverbände der privaten Omnibusbranche.

Die Spitzenverbände und -organisationen des deutschen Tourismus wollen auch künftig ihre besonderen Verantwortlichkeiten für den Umwelt- und Naturschutz wahrnehmen. Dabei wollen sie verstärkt miteinander sowie mit anderen touristisch wichtigen Partnern kooperieren.

V. Leitlinien für eine nachhaltige Tourismusentwicklung

(1) Schaffung und Bewertung der Rahmenbedingungen

Das Prinzip der Umweltvorsorge muß auf allen Ebenen und in allen Bereichen verstärkt Anwendung finden.

Nur praktikable Rahmenbedingungen ermöglichen die Umsetzung einer nachhaltigen Tourismusentwicklung. Die Verbände der Tourismuswirtschaft setzen sich dafür ein, gemeinsam mit den zuständigen Behörden und Ministerien rechtliche, ökonomische und eigenverantwortliche Instrumente optimal zu kombinieren. Wo immer möglich, ist eigenverantwortlichen Maßnahmen Vorrang vor aufwendigen Regulierungen zu geben.

Der Einsatz wirtschaftspolitischer Instrumente ist so zu gestalten und auszubauen, daß negative Umweltauswirkungen vermieden werden. Dabei ist eine europaweite bzw. globale Harmonisierung der rechtlichen und ökonomischen Rahmenbedingungen anzustreben.

Nachhaltige Tourismusprojekte sollen künftig verstärkt gefördert werden. Umweltmanagementsysteme sowie der Einsatz sonstiger marktwirtschaftlich wirkender Instrumente, Wettbewerbe, Modellprojekte, Umweltsiegel und -kriterien, Beratung und Aufklärung werden von der Tourismuswirtschaft eingesetzt und aktiv unterstützt. Auch das Öko-Audit-Verfahren sollte in geeigneten Bereichen angewandt werden.

Auf etwaige Widersprüche in den Zielsetzungen von Politik und Verbänden hinsichtlich einer nachhaltigen Tourismusentwicklung soll aufmerksam gemacht werden, um diese weitestgehend auszuräumen. Umweltpolitische Ziele und Maßnahmen außerhalb des Tourismusbereiches, die ihn jedoch berühren oder ihm zugute kommen, sind entsprechend zu gestalten.

(2) Auf- und Ausbau von Umweltmanagement und umweltorientierten Organisationsstrukturen

Ohne den Auf- und Ausbau von umweltorientierten Organisationsstrukturen bei Verbänden, in der Politik und anderen gesellschaftlichen Bereichen sowie eines betrieblichen Umweltmanagements kann die geforderte Orientierung auf eine nachhaltige Entwicklung im Tourismus nicht gelingen. Umwelt- und Naturschutz sollen daher in den touristischen Unternehmen und Organisationen integraler Bestandteil aller relevanten Entscheidungsprozesse werden.

Je nach Größe und Struktur der Unternehmen und Verbände sind angepasste Organisationsstrukturen zu entwickeln bzw. zu nutzen.

Zum Aufbau umweltorientierter Organisationsstrukturen sind z.B. die Einsetzung von Umweltbeauftragten und Umweltausschüssen, die Aufnahme des Umwelt- und Naturschutzes in Satzungen, die Erarbeitung von Umwelterklärungen und Umweltpolitiken oder Verhaltenscodizes bei Unternehmen, Branchen und Verbänden geeignet. In diesem Zusammenhang sieht die Tourismuswirtschaft in der geplanten Ausweitung der EU-Öko-Audit-Verordnung auf den Dienstleistungssektor ein hilfreiches Instrument für geeignete touristische Bereiche.

(3) Umweltgerechte Planung

Umweltgerechte Planung umfaßt die Durchführung von Umweltverträglichkeitsprüfungen für touristische Großprojekte einschließlich deren Auswirkungen auf die Infrastruktur, die Erarbeitung von regionalen und lokalen Bewertungsmodellen sowie Richtlinien für eine umweltgerechte Entwicklung, die Bewertung des ökologischen Potentials, sowie die Mitarbeit an nachhaltigen Leitbildern und umweltorientierten Entwicklungskonzepten in den Regionen selbst.

Durch vorausschauende Planung können der ökonomische und der soziale Nutzen für die Zielregionen maximiert werden, ohne die natürlichen und kulturellen Grundlagen zu zerstören.

Ohne eine angemessene Planung und deren Umsetzung muß mit einer Verschlechterung der ökologischen und kulturellen Gegebenheiten in Reisegebieten gerechnet werden. Eine umweltgerechte Planung muß die Grenzen der ökologischen Tragfähigkeit von Regionen berücksichtigen. Leistungsanbieter und Verbände befürworten daher eine nachhaltige Entwicklungsplanung.

Die lokale Bevölkerung und die Kommunen sollen gleichberechtigt in den Planungsprozeß eingebunden werden, um ihre Interessen ausreichend berücksichtigen und regionale Potentiale optimal nutzen zu können. Dies bedeutet auch die gezielte Suche nach arbeitsschaffenden Erwerbskombinationen bei der Produktplanung (z.B. die Nutzung von Verflechtungen zwischen Tourismus, Forst- und Landwirtschaft sowie dem Handwerk).

Von besonderer Bedeutung sind dabei die Flächen- und Bodennutzungsplanung sowie die Verkehrsplanung.

(4) Gestaltung nachhaltiger Produkte

Kern einer umweltgerechten Tourismusentwicklung muß die nachhaltige Gestaltung von Reiseprodukten sein. Die Tourismuswirtschaft strebt hier sowohl den umweltgerechten Umbau intensiver Tourismusformen, d.h. des sogenannten Massentourismus und seiner Zentren an, als auch die nachhaltige Entwicklung naturnaher Angebote bei extensiven Tourismusformen (auch „Ökotourismus").

Nachhaltigkeit soll aber auch durch Innovation und Diversifikation des Angebotes zur Qualitätssteigerung und Verbesserung der Wettbewerbsfähigkeit führen. Unternehmensweite Umweltstandards und Grundsätze für eine umweltgerechte Produktion, die Intensivierung der Forschung und Entwicklung sowie Produktprüfungen sind hierzu wichtige Bausteine.

Nachhaltige Produktgestaltung vollzieht sich auf drei Ebenen: 1. auf der Ebene der Anbieter einzelner touristischer Leistungen, 2. auf der Ebene der Destinationen und Orte, sowie 3. im Rahmen der Produktbündelung und -kombination sowie der Distribution durch die Reiseveranstalter und -mittler.

Kennzeichnend auf der einzelbetrieblichen Ebene sind ein betriebliches Umweltmanagement zur Durchführung umweltorientierter Maßnahmen. Diese reichen vom umweltschonenden Beschaffungswesen über einen sparsamen Ressourcenverbrauch bis hin zur umweltgerechten Entsorgung und umweltbezogenen Gästeinformation.

Kennzeichnend auf der Ebene der Kommunen und Regionen als Verantwortliche für ein „ganzheitliches" Tourismusangebot sind die konkrete Ausformulierung sowie die Umsetzung einer nachhaltigen Tourismuspolitik und -planung (nachhaltige Tourismuskonzeption). Die Erfassung der Umweltqualitäten, Aussagen zu Kapazitätsgrenzen beim örtlichen Angebot, zur Besucherlenkung und naturschutzorientierten Zonierungen, zum Schutz von Denkmälern und traditionellen Kulturgütern, sowie zu verkehrsberuhigenden bzw. -mindernden Maßnahmen sind wichtige Bausteine. Der DFV-Bundeswettbewerb *Umweltfreundliche Fremdenverkehrsorte* unterstützt eine solche ganzheitliche Gestaltung des Tourismus.

Kennzeichnend auf der Ebene der Reiseveranstalter und -mittler ist die Bündelung von Einzelleistungen zu umweltschonenden Reiseangeboten. Umweltorientierte Leistungsanbieter, ökologisch besonders engagierte Destinationen und umweltschonende Formen der Mobilität sind hier besonders zu fördern. Die Mittlerfunktion muß hier heißen: Information und Sensibilisierung der Konsumenten, aber auch der gewerblichen Vertragspartner in Richtung auf eine nachhaltige Angebotsgestaltung sowie ein nachhaltiges Konsumverhalten.

Im Sinne einer nachhaltigen Produktgestaltung sind von allen Beteiligten vor allem solche Angebote zu fördern,

a) die zur Verminderung oder Vermeidung der durch den motorisierten Verkehr verursachten Umweltbelastungen beitragen; dies umfaßt sowohl eine umweltschonende An- und Abreise als auch eine um weltschonende Mobilität in den Zielgebieten selbst. Hierzu zählen vor allem die Verlagerung von motorisiertem Individualverkehr auf Schiene und Busse, die Einführung besonders verbrauchs- und schadstoffarmer Verkehrsmittel, die Umorientierung vom Individualverkehr zum Öffentlichen Personennahverkehr, die Verkehrsvermeidung durch Förderung des integrierten Verkehrs, der Ausbau von Rad- und Wanderwegen, die Verbesserung der Fahrradmitnahmemöglichkeiten in Zügen und Bussen, optimierte Schienen- und Omnibusanbindung von Ferienregionen in Verbindung mit durchgängigen Tarif- und Fahrplansystemen vor Ort, die Förderung regionaler Produkte im Sinne kurzer Transportwege sowie die Förderung autoarmer und autofreier Kur- und Ferienorte sowie Innenstädte. Zudem sind alle Anstrengungen zu verstärken, welche die Umweltbelastungen des Luftverkehrs vermindern (CO_2- und Schadstoffemissionen, Lärm).

b) die den Verbrauch der Ressourcen Wasser, Energie und sonstiger Rohstoffe minimieren oder durch den verstärkten Einsatz erneuerbarer Ressourcen nachhaltiger gestalten. Eng verbunden damit sind die Reduzierung von Abfällen und Abwässern sowie eine ordnungsgemäße, umweltschonende Entsorgung nicht vermeidbarer Abfälle. Gefahrstoffe sind nach Möglichkeit zu substituieren.

c) die Flächenverbrauch vermeiden, durch ortstypische sowie landschaftsangepaßte Bauweise gekennzeichnet sind, die die Erhaltung des Landschaftsbildes (auch beim Lärmschutz) fördern und als solche insbesondere die Angebotsqualität in massentouristischen Zentren verbessern.

d) die zur Entlastung ökologisch besonders sensibler Gebiete (v.a. Naturschutzgebiete, empfindliche Bergökosysteme, naturnahe Gewässer- und Küstenbereiche) durch Besucherlenkung sowie durch umwelt- und naturgerechte Steuerung von Freizeitaktivitäten beitragen.

(5) Schutz von Umwelt, Natur und Kultur durch den Tourismus

Die Tourismuswirtschaft, als Nutznießer und natürlicher Verbündeter einer intakten Umwelt, Natur und Kulturlandschaft, sieht sich zu deren aktiver Erhaltung verpflichtet. Hierbei gilt es vor allem, die Potentiale des Tourismus zu nutzen, um diesen Ressourcen zu einem wirtschaftlichen Wert zu verhelfen, der wiederum zu ihrer Bewahrung eingesetzt werden kann (positive Nutzenspirale).

In diesem Sinne soll eine nachhaltige Tourismusentwicklung in Großschutzgebieten (Nationalparke, Biosphärenreservate und Naturparke) in Deutschland, aber auch in ausländischen Zielgebieten, wo unter Beachtung der Schutzziele möglich, durch die Tourismuswirtschaft unterstützt werden. Durch die gezielte Einbindung traditioneller Wirtschaftsformen wie Land-, Forstwirtschaft und Handwerk in die Tourismusentwicklung müssen Regionen und Landschaften in ihren gewachsenen Strukturen gestärkt werden. Die ökonomische Teilhabe der lokalen Bevölkerung ist zu gewährleisten. Hierzu zählt insbesondere die Kulturlandschaftserhaltung durch die Förderung traditioneller Bodenbewirtschaftungsformen. Baudenkmäler, Kulturgüter, historische Siedlungsstrukturen und Stadtkerne sollen durch den Tourismus aufgewertet und ihre Bewahrung durch ihn mit gesichert werden.

(6) Förderung von nationalen Kooperationen und Partnerschaften zwischen der Tourismusbranche, Behörden, nicht-staatlichen Organisationen, der Bevölkerung und den Regionen

Natur- und Umweltschutz ist eine Gemeinschaftsaufgabe aller Beteiligten. Eine nachhaltige Tourismusentwicklung kann nur in einer funktionierenden Partnerschaft aller Beteiligten umgesetzt werden. Eine Organisation, ein Unternehmen, eine Regierung allein wird keine vergleichbaren Erfolge erzielen. Deshalb ist eine fachübergreifende Zusammenarbeit auf allen Ebenen notwendig.

Ein wichtiges Beispiel für Kooperationen in den Zielgebieten sind offene Tourismusforen. Weiter gilt es, wo sinnvoll und möglich, den Dialog zwischen verschiedenen Branchen, auch außerhalb des Tourismus, zu fördern. Dies können gemeinsam finanzierte Initiativen sein, die Kooperation großer mit kleinen und mittelständischen Unternehmen, der Austausch von Management- und technologischem Know-How, die Zusammenarbeit mit Forschungsinstitutionen u.a.m.

Die Tourismusverbände werden ihre wichtige Mittlerfunktion bei der Zusammenarbeit zwischen staatlichen Institutionen und der Wirtschaft im Sinne einer nachhaltigen, umweltgerechten Tourismusentwicklung weiterhin verstärkt wahrnehmen.

(7) Internationaler Informationsaustausch, Know-How-, Technologietransfer und Partnerschaften

Als eines der Hauptentsendeländer tragen Deutschland und seine Tourismuswirtschaft eine besondere Verantwortung für den notwendigen Austausch von Informationen, für die Weitergabe von Fähigkeiten und Kenntnissen sowie für die Kooperation mit anderen Ländern bei der Entwicklung eines nachhaltigen Tourismus. Der Aufbau globaler Partnerschaften, insbesondere zwischen Industrie- und Entwicklungsländern, sollte daher gerade von international agierenden Unternehmen systematisch gefördert werden.

Aufklärung über Umwelttechnologie und -planung, das Auflegen von Partnerschaftsprogrammen, die Kooperation und der Informationsaustausch mit internationalen Organisationen, die Auslobung internationaler Wettbewerbe (z.B. DRV-Umweltpreis), gemeinsame Tagungen und Seminare sowie die Hilfe bei der Beschaffung von Finanz- und Fördermitteln sind wichtige Bausteine globaler Partnerschaften. Auch die Entwicklung international harmonisierter Absprachen und Regelungen für eine nachhaltige Tourismusentwicklung auf globaler Ebene wird von der deutschen Tourismuswirtschaft unterstützt.

(8) Förderung eines tourismusbezogenen Umweltbewußtseins bei den Leistungsträgern, Organisationen und Reisenden

Wissen und Einsicht sind wichtige Voraussetzungen für die Akzeptanz einer nachhaltigen Tourismusentwicklung. Die Spitzenverbände und die von ihnen vertretenen Branchen setzen sich daher für eine regelmäßige Aufklärung aller Interessengruppen in der Reisebranche über die Notwendigkeit der Entwicklung umweltgerechter Tourismusformen ein.

Besonderes Engagement gilt hier der Förderung des Umweltbewußtseins bei den Reisenden, denn nur wenn sich auch die Konsummuster ändern, können unsere natürlichen Lebensgrundlagen dauerhaft erhalten werden. Im Rahmen des Marketings müssen daher dem Kunden qualifizierte Informationen über die Umweltsituation in den Zielgebieten und Tourismusunternehmen zur Verfügung gestellt werden. Hierfür sind möglichst einheitliche Umweltkriterien, bezogen auf Zielgebiete, Touristikunternehmen und Reiseangebote, anzustreben. Mitarbeiter müssen geschult werden, um die Gäste kompetent aufklären zu können. Gezielte Animation soll dem Gast Naturerleben sowie umwelt- und kulturangepasstes Verhalten positiv vermitteln. Die Bewußtseinsbildung soll durch gemeinsame Aktionen in der Öffentlichkeit verstärkt werden, z.B. durch bundesweite, branchenübergreifende Kampagnen. Sie muß in allen Bereichen des öffentlichen Lebens gefördert werden (Schulen, Parteien, Verwaltungen etc.).

(9) Systematische Aufnahme des Umweltschutzes in die Aus- und Weiterbildung

Aus- und Weiterbildung vermittelt den in der Tourismuswirtschaft tätigen Menschen die notwendigen Fähigkeiten für die Gestaltung eines umweltgerechten Tourismus. Notwendige Schritte sind die Entwicklung eigener Ausbildungspläne zur anerkannten Qualifikation für umweltgerechtes Management im Tourismus, die Vermittlung der erforderlichen Fähigkeiten auf allen Ausbildungsebenen, der Aufbau von Ausbildungsnetzwerken insbesondere mit kleinen Unternehmen, der Austausch von Lehrmaterial sowie der Wissenstransfer an Kunden, Zielgebiete und Auftragnehmer.

Ansatzpunkte müssen sowohl berufsbildende und -begleitende Maßnahmen und entsprechende Institutionen, als auch die Universitäten und Fachhochschulen sein, die das Führungspersonal der Touristikbranche ausbilden.

Der Qualifizierung von Reiseleitern und Gästeführern als wichtigen Informationsquellen für die Gäste durch den direkten Kontakt kommt eine besondere Bedeutung zu.

Auch auf der Ebene der Aus- und Weiterbildung ist internationale Zusammenarbeit gefordert.

(10) Aufbau von Evaluation und Monitoring

Erfassung, Bewertung sowie die kontinuierliche Beobachtung (Monitoring) der tourismusbedingten Umweltauswirkungen und des Fortschrittes durch getroffene Maßnahmen müssen den Umbau zu einer nachhaltigen Tourismusentwicklung begleiten. Ziele und Maßnahmen sollen auf der Evaluation, d.h. der systematischen Erfassung und Bewertung der Umweltauswirkungen, aufbauen.

Die Unternehmen und Verbände der Tourismuswirtschaft sowie die Tourismusregionen bemühen sich in diesem Sinne gemeinsam mit den staatlichen Institutionen, die ökologischen, ökonomischen, sozialen und kulturellen Folgen ihres Handelns zu ermitteln und zu überprüfen (z.B. durch Ökobilanzen u.ä.).

Eine regelmäßige Berichterstattung auf nationaler Ebene („Nationaler Tourismus-Umwelt-Bericht") wäre ein wichtiges Instrument zur Bewertung der Umweltauswirkungen sowie zur regelmäßigen Kontrolle der Fortschritte bei der Umsetzung einer nachhaltigen Entwicklung. Ökobilanzen oder Umweltberichte, nach Möglichkeit in Verbindung mit Umweltmanagement, sollen vergleichbares auf der Ebene der Unternehmen leisten.

Wichtige Grundlage für die Evaluation und das Monitoring ist die Erarbeitung aussagefähiger Indikatoren auf nationaler, regionaler und kommunaler Ebene sowie im Bereich der Unternehmen. Auch für die qualifizierte Information des Verbrauchers werden vereinheitlichte Bewertungsgrundlagen und Standards benötigt, um ihm die Einschätzung der Umweltsituation in den Zielgebieten, in touristischen Anlagen oder auch die Umweltauswirkungen bei pauschalen Reiseangeboten zu ermöglichen.

Wettbewerbe und Umweltkriterien sind geeignete Instrumente zur Ableitung anwendungsorientierter Standards für eine umweltgerechte Betriebsführung bzw. Gemeinde- oder Regionalentwicklung.

Notwendig hierfür sind der gegenseitige und kontinuierliche Daten- und Informationsaustausch zwischen allen Beteiligten, die Abstimmung von Indikatoren und Bewertungsgrundlagen sowie die Zusammenarbeit zwischen Praxis und Forschung. Die Erfassung, Aufbereitung, Veröffentlichung und allgemeine Zugänglichkeit tourismusbezogener Umweltdaten (z.B. in Form von Datenbanken, Berichten, Vereinbarungen zum Datenaustausch) sollte unterstützt werden.

Beratungs- und Kontrollinstanzen müssen die Ergebnisse des Monitoring sowie die daraus zu ziehenden Schlußfolgerungen und Empfehlungen bewerten.

Die unterzeichnenden Verbände und Organisationen verständigen sich darauf, diese zehn Leitlinien zur Maxime ihres umweltbezogenen Handelns zu machen.

VI. Maßnahmen

Die unterzeichnenden Spitzenverbände und -organisationen verstärken künftig die Bündelung und Koordination ihrer Umweltaktivitäten.

Sie klären in der Folgezeit, wie der Dialog für diese Bündelung und Koordination gestaltet werden kann.

Ziel ist es, konkrete Maßnahmen zu benennen, die gemeinsam bzw. in Verantwortung der Einzelverbände umzusetzen sind.

Die Verbände und Organisationen kooperieren hierbei mit Behörden und Ministerien, der Wissenschaft sowie den Umweltverbänden.

Umwelterklärung und Maßnahmen sind kontinuierlich zu überprüfen und gegebenenfalls fortzuschreiben.

Diese Umwelterklärung wurde von folgenden Spitzenverbänden und -organisationen des deutschen Tourismus beschlossen:

Bundesverband der Deutschen Tourismuswirtschaft e.V. (BTW), Bonn

Bundesverband Deutscher Omnibusunternehmer e.V. (bdo), Bonn

Bundesverband mittelständischer Reiseunternehmen e.V. (asr), Frankfurt/Main

Deutsche Zentrale für Tourismus e.V. (DZT), Frankfurt/Main

Deutscher Bäderverband e.V. (DBV), Bonn

Deutscher Fremdenverkehrsverband e.V. (DFV), Bonn

Deutscher Hotel- und Gaststättenverband e.V. (DEHOGA), Bonn

Deutscher Reisebüro-Verband e.V. (DRV), Frankfurt/Main

Internationaler Bustouristik Verband e.V. (RDA), Köln

mit Unterstützung durch das

Bundesministerium für Umwelt, Naturschutz und Reaktorsicherheit
und das Bundesministerium für Wirtschaft

Bonn, im Oktober 1997

Die Autoren

Dr. Andreas Drews: Diplom-Biologe und freier Gutachter mit Schwerpunkt Ökologie. Langjährige Erfahrung in Projekten der ländlichen Entwicklung in Asien, Naher Osten und Afrika. Seit 1995 Mitarbeit in dem von der GTZ durchgeführten Projekt „Umsetzung der Biodiversitätskonvention".

Prof. Dr. Ludwig Ellenberg: Geograph. Seit 1980 Professor für Geographie (Technische Universität Berlin, Universidad Nacional de Costa Rica, Humboldt-Universität zu Berlin). 1990–1993 zuständig für GTZ-unterstützte Naturschutzprojekte. Herausgeber des Buches „Tourismus zwischen Ökonomie und Ökologie" (Spektrum Akadem. Verlag).

Angelika Gräber: Studium der Sozialpädagogik/Sozialarbeit. Wissenschaftliche Untersuchungen zu frauenspezifischen Problemen besonders des arabisch-afrikanischen Kulturkreises. Mitautorin des 1997 im *Max Kasparek Verlag* erschienenen Reiseführers über Äthiopien; derzeit Arbeit an einem Reiseführer über Sansibar und die Suaheliküste.

Dr. Wolf Michael Iwand: Studium der Wirtschafts- und Sozialwissenschaften. Lehr- und Forschungstätigkeiten an der Universität Aachen, danach selbständiger Management Consultant für Unternehmensentwicklung, Unternehmenskommunikation und Qualitätsmanagement für verschiedene deutsche Unternehmen. Seit 1990 Direktor des Bereichs „Umwelt" bei TUI, Europas größtem Reiseveranstalter.

Dr. Max Kasparek: Diplom-Biologe und freier Gutachter für internationale Naturschutz- und Umweltprojekte. Mehrjährige Beratungstätigkeit für deutsche Reiseveranstalter bei der Umsetzung von umweltfreundlichen Reisekonzepten und Naturreisen. Mitglied der *IUCN–Species Survival Commission*. Mitarbeit in dem von der GTZ durchgeführten Projekt „Umsetzung der Biodiversitätskonvention".

Yörn Kreib: Dipl.-Ing. Landschaftspflege. Zahlreiche Publikationen zum Thema Tourismus und Ökologie / Menschenrechte. Seit 1990 Tourismusredakteur des *Ökozid*journals. Seminare und Bildungsurlaube zum Thema Tourismus. Mitherausgeber des Buches „Gratwanderung Ökotourismus: Strategien gegen den touristischen Ausverkauf von Kultur und Natur" (Focus Ökozid).

Sebastian Moya: Angehöriger der Shuar-Indianer und geboren in Shell/Mera, Ecuador. Zunächst Landwirt und Fischer in Santana, dann Rundfunksprecher in Puyo. Seit 1986 Aufbau der Reiseagentur „Tsantsa" in Baños und der Stiftung „Yawa Jee" zur Erhaltung der Kulturen der Indigenas und des Regenwaldes von Ecuador. Arbeitsaufenthalte in Europa u.a. am Forschungsinstitut Senckenberg in Frankfurt.

Prof. Dr. Bernhard Müller: Leiter des Lehrstuhls für Raumordnung der TU Dresden sowie Direktor und Vorstand des Instituts für ökologische Raumentwicklung e.V. Dresden. Als Mitbegründer der „Arbeitsgruppe Ökotourismus" an der Erstellung des im Auftrag des BMZ erstellten Berichtes „Naturschutz als Instrument des Naturschutzes" beteiligt (Weltforum Verlag).

Dr. Manfred Niekisch: Diplom-Biologe. Seit 1990 Geschäftsführer der Tropenwaldstiftung *Oro Verde*. Im Ehrenamt u.a. Vizepräsident des Deutschen Naturschutzringes

(DNR) und Mitglied des Beirates des von der GTZ durchgeführten Projektes „Umsetzung der Biodiversitätskonvention". Lehrtätigkeiten zum internationalen Naturschutz an den Universitäten Marburg und Hanoi/Vietnam.

Burghard Rauschelbach: Geograph, Seniorfachplaner in der Abteilung „Umwelt- und Ressourcenschutz/Verbreitung angepaßter Technologien" der GTZ. Verantwortlich für das im Auftrag des BMZ durchgeführte Projekt „Umsetzung der Biodiversitätskonvention". Mehrjährige Tätigkeit in der Consultingwirtschaft, insbesondere für Regionalentwicklung, Standortplanung und Umweltverträglichkeitsprüfung.

Karl G. Tempel: Regierungsdirekor. Nach dem Studium der politischen Wissenschaften Tätigkeit u.a. beim Wissenschaftszentrum Berlin und dem Umweltbundesamt. Seit 1989 für das *Bundesministerium für Umwelt, Naturschutz und Reaktorsicherheit* tätig; seit 1994 Leiter des Referats „Tourismus, Sport, Freizeit, Erholungsvorsorge" und damit für die Vorbereitung der „Berliner Erklärung" verantwortlich.

Armin Vielhaber: Dipl. sc. pol.; Geschäftsführer des *Studienkreises für Tourismus und Entwicklung*, Ammerland. Touristische Marktforschung, Marketing und Produktqualifizierung. Seit 1974 entwicklungsbezogene Informations- und Bildungsarbeit im Dritte-Welt-Tourismus, u.a. Sympathie-Magazine, Motivationsseminare, Filmwettbewerb, Beratung.

Jürgen Wolters: Diplom-Biologe. Geschäftsführendes Vorstandsmitglied der „Arbeitsgemeinschaft Regenwald und Artenschutz (ARA) e.V.". Hauptarbeitsgebiete: Biodiversität, indigene Völker und Entwicklungspolitik. Mitglied des Leitungskreises des *Forums Umwelt & Entwicklung* deutscher NGOs. Autor und Herausgeber diverser Publikationen zur globalen Umweltpolitik. Chefredakteur des *Ökozid*journal.

Die Deutsche Gesellschaft für Technische Zusammenarbeit (GTZ) GmbH

Die bundeseigene *Deutsche Gesellschaft für Technische Zusammenarbeit (GTZ) GmbH* ist von der Bundesregierung mit der eigenverantwortlichen Planung und Durchführung von Projekten und Programmen der Technischen Zusammenarbeit mit Entwicklungsländern beauftragt. Ziel ist es, die Leistungsfähigkeit von Menschen und Organisationen in den Entwicklungs- und Transformländern sowie ihre Selbsthilfe zu stärken. Zu diesem Zweck werden technische, wirtschaftliche und organisatorische Fähigkeiten vermittelt und Maßnahmen unterstützt, die die Voraussetzungen für ihre Anwendung verbessern. Die Leistungen Deutschlands bestehen in der Beratung, in der Lieferung von Sachmitteln und finanzieller Unterstützung. Die Aufgaben werden überwiegend auf der Grundlage von völkerrechtlichen Übereinkünften zwischen der Bundesregierung und den Partnerländern gemeinnützig und zum Teil treuhänderisch wahrgenommen. Förderung von Tourismus als Instrument des Erhalts natürlicher Ressourcen und als Mittel einer nachhaltigen Regionalentwicklung spielt in einer Vielzahl von Projekten eine wichtige Rolle.

Zoologische Fachliteratur im Max Kasparek Verlag:

Wolfgang Baumgart
Die Vögel Syriens
Syrien gilt als wichtiges Brut- und Durchzugsgebiet zahlreicher Vogelarten. Obwohl sich Syrien in den letzten Jahren steigender Beliebtheit bei westlichen Besuchern erfreut, ist es ornithologisch wenig erforscht. Das Buch beschreibt Vorkommen und Status der 354 in Syrien bisher festgestellten Vogelarten.
ISBN 3-925064-18-4. 1995. 128 Seiten, 21,0 x 14,8 cm, zahlreiche Fotos, Karten und Graphiken. Preis DM 28,-.

Günter Lamsfuss
Die Vögel Sri Lankas
Aufgrund seiner geographischen Lage hat Sri Lankas eine einmalige Tierwelt mit zahlreichen endemischen Arten. Alle bisher in Sri Lanka nachgewiesenen Vogelarten werden hier, zusammen mit ihrem Vorkommen und ihrer Verbreitung, erstmals im deutschsprachigen Schrifttum beschrieben und abgebildet.
ISBN 3-925064-22-2. 1998. 260 Seiten, 23,5 x 16,5 cm, zahlreiche Fotos, Karten und Graphiken. Preis DM 38,-.

World Wide Fund for Nature (WWF)
Marine Turtles Turkey
Status survey and recommendations for conservation and management
Bestandsaufnahme der Niststrände von Meeresschildkröten an den türkischen Küsten. 17 wichtige Strände konnten identifiziert werden. Vorschläge zur Ausweisung von Schutzgebieten.
ISBN 3-925064-07-9. 1989. 128 Seiten, A4-Format. 13 Farbfotos, zahlreiche Karten und Zeichnungen. Preis: DM 45,-

Zoology in the Middle East
Die einzige wissenschaftliche Zeitschrift, die das Gesamtgebiet der Ökologie, Zoogeographie, Biologie, Faunistik, Morphologie, Systematik und Ethologie der Tiere des Nahen und Mittleren Ostens behandelt. Platform zum Austausch von Wissen und Ideen zwischen Spezialisten verschiedener Disziplinen.
ISSN 0939 - 7140. Bisher 15 Bände erschienen. Abonnentenpreis pro Band mit 120 Seiten DM 27,-; Einzelpreis DM 35,-.

MAX KASPAREK Verlag
Mönchhofstr. 16 · 69120 Heidelberg
Fax 06221 / 47 18 58 · e-mail: Kasparek@t-online.de

Reiseführer im Max Kasparek Verlag:

Gerd Gräber, Angelika Gräber, Berhane Berhu
Äthiopien. Ein Reiseführer
230 Seiten, zahlreiche Farb- und Schwarzweißabbildungen, Karten, Pläne, ausklappbare Karte. 1997. DM 36,-.

Äthiopien kann auf eine lange Geschichte zurückblicken: im alten Abessinien wurde das legendäre Skelett „Lucy" gefunden, und Kaiser Haile Selassie, der das Land bis 1974 regierte, leitete seine Abstammung von Königin Saba und König Salomon vor 3000 Jahren ab. Das Land bietet heute eine faszinierende kulturelle und geschichtliche Vielfalt, die durch Extreme der Landschaft und den Reichtum der Tierwelt ergänzt wird.

Ludwig Langknecht
Eritrea. Ein Reiseführer
152 Seiten, zahlreiche Farb- und Schwarzweißabbildungen, Karten, Pläne, ausklappbare Karte. 2. (überarbeitete) Auflage 1997. DM 29,50.

Eritrea, das erst 1993 unabhängig wurde, ist kein touristisches Land im klassischen Sinne; der Besucher aber, der nicht nur Sehenswürdigkeiten abhaken will, wird von der Unterwasserwelt am Roten Meer, der Hauptstadt Asmara, die zu den schönsten Hauptstädten Afrikas zählt, oder den extremen Höhenunterschieden am Rand des Afrikanischen Grabenbruchs fasziniert sein.

Thomas Herberg
Iran. Ein Reiseführer
240 Seiten, zahlreiche Farb- und Schwarzweißabbildungen, Karten, Grundrißskizzen, ausklappbare Karte. 1993, 2. Aufl. 1995. DM 36,-.

Nach vielen Jahren der Isolation öffnet sich der Iran wieder ganz allmählich für Besucher. Prachtbauten wie in Persepolis erinnern noch heute an eine große Vergangenheit. Der Besucher ist fasziniert von den farbenfrohen Kuppeln und Minaretten, von den Feuertempeln und den „Türmen des Schweigens". Der Reiseführer bietet solide Hintergrundinformation zum Verständnis des Landes.

Gerd Gräber, Angelika Gräber
Sansibar und die Suaheliküste
ca. 180 Seiten, zahlreiche Farb- und Schwarzweißabbildungen, Karten, Pläne, ausklappbare Karte. Frühjahr 1998. ca. DM 30,-.

Die Gewürzinsel Sansibar war einst der wichtigste Handelsvorposten vor der Küste Ostafrikas und spielte in den finsteren Zeiten der Sklaverei eine unrühmliche Rolle. Sansibar wie auch die Insel Lamu gelten heute als touristischer Insidertip mit einer faszinierenden kulturellen und architektonischen Vielfalt sowie einer einmaligen Unterwasserwelt für Taucher.

MAX KASPAREK Verlag

Mönchhofstr. 16 · 69120 Heidelberg
Fax 06221 / 47 18 58 · e-mail: Kasparek@t-online.de